Lauenburgische Seen und Schaalsee

Lauenburgische Seen und Schaalsee

Barbara Denker

mit Beiträgen von Karl Heinz Molkenthin

Christians

Touren

Kartenempfehlung:
1. Naturpark Lauenburgische Seen, Rad- und Wanderkarte, 1:50 000, Studio-Verlag
2. Biosphärenreservat Schaalsee, Rad- und Wanderkarte, 1:50 000, Studio-Verlag
3. An Elbe und Bille, Rad-, Reit- und Wanderkarte, 1:50 000, Studio-Verlag

Die Touren wurden unmittelbar vor dem Druck erneut abgelaufen. Trotzdem können sich kurzfristig Veränderungen durch neue Markierungen, andere Wegeführung u.ä. ergeben. Der Verlag wäre dankbar, wenn die Leser solche Veränderungen mitteilen, damit die nächste Auflage berichtigt werden kann: verlag@christians.de

Blick über den Lassahner See

Beiderseits des ehemaligen Grenzstreifens

Der Teufel – so erzählt eine Sage vom Schaalsee – sollte der Äbtissin aus dem Kloster von Zarrentin in der Fastenzeit einen Korb mit Felchen (=Maränen) bringen. Sie stammte vom Bodensee und „het son groten Jieper up Maränen kregen“, die gewohnten Fische aus ihrer fernen Heimat. So engagierte sie den Teufel, ihr einige zu besorgen. Er mußte bis Mitternacht zurück sein, dafür verschrieb sie ihm ihre Seele. Gewissensbisse plagten sie aber doch, und sie schickte eine Nonne, die Uhr eine Stunde vorzustellen und die Betglocke zu läuten. Der Teufel war aber mit seiner Last schon am südlichen Schaalseeufer angelangt und hörte das Läuten. Voll Wut warf der Überlistete die Fische in die Wellen, und seitdem leben Maränen in der Tiefe des Sees. Noch heute können wir diese Spezialität, die es nur in sehr tiefen, sauberen Seen gibt, frisch oder geräuchert von den Schaalseefischern kaufen. „Bi Techin, wo de Düvel de Fisch na den See rinsmeten har, dar fangt se hüüt noch de schönsten un besten“, weiß die Sage in der plattdeutschen Mundart hier in Norddeutschland zu berichten. Der Teufel und die Unterirdischen haben ihr Unwesen in vielen alten Sagen des Lauenburgischen getrieben, aber es gab immer ein pfiffiges Bäuerlein, das einen Nutzen aus seiner Schläue zog und den Teufel an der Nase herumführte.

Fleißige und schlaue Bauern muß es vor allem im südlichen Teil dieses Gebietes auf den mageren Sanderflächen auch heute noch geben, ist doch die Landwirtschaft neben dem Fremdenverkehr ein wichtiger Wirtschaftszweig dieser Gegend. Landwirtschaftlich genutzte Flächen sind hier aber nie langweilig. Ein weites Netz von artenreichen Knicks, typisch für die norddeutsche Landschaft, trennt die Wiesen und Felder, die im Mai mit leuchtend gelbem Raps das Auge des Wanderers erfreuen. Felder und Wiesen allein würden aber nicht viele Ausflügler verlokken. Der Naturpark Lauenburgische Seen und die Schaalseelandschaft haben noch viel mehr zu bieten.

Man hat es nirgends weit zum nächsten See. Über vierzig gibt es, und dabei sind Dorfteiche, Sölle und Waldweiher nicht mitgezählt. Einige sind sehr groß und laden zum Segeln und Baden, andere liegen verschwiegen in großen Waldgebieten. Hier regieren Fuchs, Reh und Wildschwein, und nur der stille Beobachter mit Fernglas und Fotoapparat ist auf den Wanderwegen erwünscht.

Die Wälder haben durch den unterschiedlichen eiszeitlichen Untergrund typische Vegetationsformen. In den stattlichen Buchenwäldern überziehen im Frühling Anemonenteppiche das vorjährige Laub, mit Leberblümchen auf kalkhaltigem Untergrund oder Himmelschlüsseln, die schon verblüht sein müssen, wenn das neue Blätterdach den Himmel verdunkelt. Die Kieferforsten im Süden lassen mit ihren schütteren Nadeln so viel Sonne auf den Boden gelangen, daß eine reiche Grasflur mit vielen Kräutern entsteht. Hier kann man im Herbst Maronen und Butterpilze sammeln und im Heidekraut Hummeln und Bienen beobachten. Mit ihren Stelzwurzeln passen sich die Erlen unterschiedlichsten Wasserständen an. Im Erlenbruch gibt es manche Pflanzenrarität, und Frösche, Kröten und Libellen finden Aufzuchtplätze für ihren Nachwuchs. Die düsteren, geheimnisvollen Moore verlocken zu Streifzügen. Vergessen Sie aber bitte nie, die Natur zu schonen und auf den Wegen zu bleiben.

Nicht nur die Landschaft mit Seen, Wäldern und Mooren lohnt einen Besuch. Die Städte mit ihren historischen Stadtkernen um Dom, Stadthauptmannshof, Kloster oder Saline laden zu interessanten Unterbrechungen – Kultur total – nicht nur an Regentagen. Gutsanlagen und Mühlen, Feldstein- und Fachwerkkirchen in den beschaulichen Dörfern – oft aus dem 13. Jh.– lassen den Besucher verweilen. Viele dieser Dörfer zeigen zumindest in ihrem Kern noch die Entstehung aus Anger-, Zeilen-, Straßen- oder Rundlingsdorf.

Laten Se sick dorüm an'n Schaalsee un in'n Naturpark Lauenburgische Seen von de välen Eigenorten, de ringsüm in diss Landschaft noch tau finnen sünd, von verdrömte Dörper un Städe, ehr Geschicht un Traditschon oewerraschen. De Inwahner von dissen schönen Placken Ierd seggen hartlich willkamen. *(Lassen Sie sich also am Schaalsee und im Naturpark Lauenburgische Seen von einer Vielfalt an Lebensräumen, von verträumten Dörfern und Städtchen, Geschichte und alter Tradition verzaubern. Die Bewohner dieser schönen Landschaft heißen Sie herzlich willkommen.)*

Wie man hierherkommt:

Dieser abwechslungsreiche Landstrich ist einfach mit Bahn und Pkw zu erreichen. Autobahnanbindungen führen von Süden über Hamburg, von Osten über Berlin. Von Lübeck im Norden und Lüneburg im Süden als Endpunkten dieses vielseitigen Wandergebietes gibt es gute Straßenverbindungen ins Zentrum des Naturparks „Lauenburgische Seen" nach Mölln. Zarrentin mit dem „Biosphärenreservat Schaalseelandschaft" ist von der gleichnamigen Autobahnabfahrt der A 24 gut zu erreichen. Auch mit der Eisenbahn gibt es von den genannten Orten gute Verbindungen zu den Städten der Region.

Bäuerliche Landschaft

Obotriten und Sachsen, Wälle und Adelsburgen, Salzstraßen und Handelswege

Die Eiszeiten prägten das vielfältige Bild der Landschaften im nördlichen Deutschland. Nach dem Schmelzen des Eises nutzten spezialisierte Rentierjäger in einer Tundrenlandschaft die jahreszeitlichen Wanderungen der Tiere. Fundstücke lassen auf ihre Lagerplätze schließen. Nach der Erwärmung und Wiederbewaldung ergaben sich gute Lebensgrundlagen für die Menschen der Mittleren Steinzeit (etwa 8200 bis 1800 v. Chr.). Die vorteilhafteren Umweltbedingungen führten zu Seßhaftigkeit und bäuerlicher Wirtschaftsweise.

Hinweise darauf geben Funde von Knochen, Abdrücke von Getreidekörnern in Keramik oder verkohlte Samen. Durch den Wechsel der Lebensform vom Jäger und Sammler zum seßhaften Landmann ergaben sich auch Änderungen im geistigen Bereich, der Kultur, z.B. änderte sich die Totenbestattung. Die monumentalen Steingräber, in denen nun die Toten beigesetzt wurden, sind weithin sichtbare Zeugen dieser Zeit (z.B. Hünenbetten im Sachsenwald). Schwerpunkte der Steinzeitfunde befinden sich außer im Bereich des Sachsenwaldes entlang den Schmelzwasserrinnen der eiszeitlich geprägten Flüsse.

Die mit Erde bedeckten Hügelgräber der Bronzezeit (ca. 2000–800 v. Chr.) liegen verstreut in lockeren Gruppen oder einzeln in der Landschaft, auch hiervon gibt es die meisten im Sachsenwald. Im Kiefernwald bei Schaliß (s. Tour 22) liegen mehrere Hügelgräber dicht beieinander. In der Eisenzeit (Beginn ca. 1000 v. Chr. in unserer Region) herrschten Flachgräberfelder vor. Anhand der charakteristischen Verzierung der Urnen kann man die Grabstätten den unterschiedlichen Zeiträumen zuordnen.

Bis zur Völkerwanderung (4.–6. Jh.) wurde das Gebiet von Germanen beherrscht, für die Zeit danach gibt es kaum datierbare Funde. In diesen zu der Zeit wenig besiedelten Raum zwischen Elbe und Trave stießen slawische Polaben (Elbanwohner) aus dem Osten vor. Mit drei weiteren slawischen Stämmen bildeten sie den Stammesverband der westmecklenburgischen Obotriten (erstmals 789 erwähnt). Dieser Stamm stellte den Herrscher, einen Großfürsten. Sie siedelten entlang den Flüssen und Bächen und an fischreichen Seen. Die Farchauer Burg am Südufer des Küchensees (s. Tour 5), der Oldenburger Wall bei Lehmrade oder die alte Ratzeburg sind Beispiele dafür.

Westlich wurde das Gebiet durch den Limes Saxoniae begrenzt, eine lineare Grenze, die natürlichen Gegebenheiten, wie Flußtälern und sumpfigen Niederungen, folgte. Hier und da gab es Erdwälle mit Palisaden und Wehrtürmen. Zusätzlich bildete ein breites Niemandsland mit siedlungsfeindlichem Wald und Ödlandstreifen die Grenze zu den Sachsen. Das verraten noch heute die slawischen Ortsnamen und die Reste von Burgwällen (z.B. der Weberberg, s. Tour 25, oder der Oldenburger Ringwall, s. Tour 1), die z.T. bis in feindliches Gebiet vorgelagert waren wie der Runwall bei Kasseburg. Slawen herrschten in diesem Gebiet bis zur deutschen Kolonisation um 1100. Der Limes blieb über Jahrhunderte eine Grenze zu den benachbarten Sachsen.

Mit Heinrich dem Löwen (1129 bis 1195) begann die frühdeutsche Zeit. Zeugnisse seines Wirkens finden sich auch heute noch in großer Zahl. Als Herzog von Sachsen hatte er das Recht zur Errichtung von Bistümern. Der Bau des Ratzeburger Doms fällt in seine Amtszeit. Um den Ostseehandel auszudehnen und seine Macht zu sichern, gründete Heinrich der Löwe Lübeck. Getreue Gefolgsleute wurden mit Burgen belehnt, wie der Ratzeburger Burg auf der Schloßwiese. Er zerstörte aber auch Burgen, wie die Ertheneburg bei Lauenburg (s. Tour 20), die er auf der Flucht vor Friedrich I., Barbarossa, anzündete. Von den bewegten Jahrhunderten, dem ständigen Wechsel der Herrschaften, geben die vielen Burgwälle, die Reste von Wehranlagen und befestigten Höfe Zeugnis. Meist fallen sie als baumbestandene Erhebungen im sumpfigen Gelände oder in der Ebene auf.

Im Mittelalter etablierte sich eine Adelsschicht, ein politischer, privilegierter Stand. Während es im frühen Mittelalter noch keine Rangunterschiede gab, entwickelten sie sich durch die verschiedenen Funktionen und Ämter, auch lehnsrechtliche Bindungen fielen ins Gewicht. Aus der Amtsbezeichnung wurden Titel und Rangstufen, die auf die ganze Familie übergingen und sich vererbten. Nach dem 1. Weltkrieg wurden die Vorrechte des Adels abgeschafft, ihre Titel aber erhalten. So gibt es noch die von Bülows in und um Gudow, die von Bismarcks in Friedrichsruh und die von Bernstorffs auf der Stintenburg.

Auch die Ritter als niederer Adel gehörten zu dieser privilegierten Schicht mit eigenen Burgen. Oft wurden sie in dieser Gegend des Raubrittertums bezichtigt und lebten angeblich von Wegelagereien und Straßenraub wie die Scharffenbergs auf Linau. Ihre Fehden (Privatkrieg zur Durchsetzung von Rechtsansprüchen), gegen Landesherrn oder Städte gerichtet, waren aber meistens legitim und sogar durch Reichsrecht und feste Regeln abgesichert. Zur Fehde gehörte jegliche Schädigung an Leib, Gut und Ehre, die nicht vor einem öffentlichen Gericht ausgetragen werden konnte oder sollte. Bei Fehden gegen Städte war auch das Berauben von Handelswagen der Stadtbewohner erlaubt.

Dafür gab es in diesem Gebiet besonders gute Möglichkeiten, führte doch eine bedeutende Straße, heute als Alte Salzstraße bezeichnet, von Lüneburg im Süden über die Elbfurt bei Artlenburg, über Lütau und Hornbek nach Mölln. Hier gabelte sie sich in eine westliche Trasse nahe des heutigen Elbe-Lübeck-Kanals und eine östliche am Ratzeburger

See entlang. Beide Straßen endeten in Lübeck. Sie hatten im Süden Verbindung bis nach Nürnberg, im Norden bis nach Jütland.

Diese Straße war aber nicht nur eine Salzstraße, wie ihr aus Fremdenverkehrsgründen einprägsamer Name glauben läßt, sie bestand schon in frühgeschichtlicher Zeit als Handels- und Heerweg, bevor im 10. Jh. die Lüneburger Saline zum ersten Mal erwähnt wurde. Diese Handelsstraße, die via regia, war eine Naturstraße und durch das Befahren mit den Pferdewagen entstanden in einer Breite zwischen 5 und 20 m. Ein gut erhaltener Streckenabschnitt im Breitenfelder Moor (s. Tour 18) zeigt noch das ursprüngliche Wegbett mit Pflaster an ehemals moorigen Stellen. Nur diese offizielle Trasse stand unter dem Schutz der Landesfürsten oder der Stadt Lübeck, so daß kaum andere Wege benutzt wurden. Außer diesem reinen Landweg von Lüneburg nach Lübeck gab es noch einen kombinierten Land- und Wasserweg über die Ilmenau elbaufwärts bis Boizenburg. Hier wurde das Salz auf Wagen verladen und über Langenlehsten, Sarnekow und am Hellbachtal entlang (s. Tour 15) nach Mölln gebracht, als Frachtweg ist diese Straße in den Karten verzeichnet und noch weitgehend vorhanden. Sie erreichte aber nie die Bedeutung der Hauptstrecke.

Wegen der Gefahren auf dem Landweg, der Beschwerlichkeit der Wege und geringerer Kosten überlegte man früh eine Verbindung auf dem Wasserweg. Die wasserreiche Stecknitz, ein Nebenfluß der Trave, wurde

Die Priesterkate in Büchen-Dorf

schon im 14. Jh. als Transportweg auch für Salz von Mölln nach Lübeck genutzt, wie eine Urkunde von 1342 beweist. Auch eine Schleuse bei Mölln war vorhanden, die für den nötigen Wasserschwall (s. Tour 21) zur Abfahrt sorgte. Von 1391 bis 98 hob man zwischen diesem Fluß und der nach Süden zur Elbe verlaufenden Delvenau eine 11,5 km lange Verbindung südlich von Mölln, den „nyge graven“ (neuen Graben), aus. Er war etwa 6 m breit und weniger als 1 m tief, daher konnte er nur mit flachbödigen Prahmen (Transportkähnen) befahren werden. Diese 1432 erwähnten „soltpramen“ waren wohl eckige Holzkisten mit höchstens 7,5 t Tragfähigkeit. Da sie auf dem Kanal abwärts trieben und aufwärts gezogen wurden, mußten sie nicht besonders manövrierfähig sein. Auf der Elbe konnten diese kleinen Kähne allerdings nicht fahren, so daß die Fracht am Lauenburger Packhof von den Elbschiffen umgeladen werden mußte. Auch die wenig Wasser führende Delvenau wurde begradigt und ausgebaut. Lübeck bezahlte für diese Arbeit 3000 Lübsche Pfennige (über ½ Mio. Euro), konnte dafür lange Zeit Zoll erheben und hatte ein gewisses Monopol auf die Stecknitzschiffahrt.

Anfang des 17. Jh. gab es 17 Schleusen im Kanal, die meisten waren Stauschleusen, da die Wassermenge besonders in der Delvenau selten für eine geregelte Talfahrt ausreichte. Während die Kähne flußab auf einer Flutwelle fuhren, mußten sie aufwärts getreidelt (gezogen) werden, das besorgten die Stecknitzfahrer, die sich schon früh zu einer Bruderschaft zusammengeschlossen hatten. Ihre Einkünfte müssen beträchtlich gewesen sein, denn in den Kirchen am Kanal besaßen sie ein eigenes Gestühl (in der St. Nikolaikirche von Mölln noch vorhanden, in Siebeneichen und Krummesse noch Wappen an den Bänken). In Berkenthin stehen an der Kirche noch die Granitsäulen zur Begrenzung des ehemaligen Begräbnisplatzes. Mitte des 16. Jh. gab es 80 Fahrer, die 220 Schiffe führten. Ihre Blütezeit hatte die Stecknitzschiffahrt im 16. und 17. Jh. Der Transport auf dem Kanal nahm dann stetig ab und wurde im 19. Jh. durch die Eisenbahn abgelöst.

Ein neuer Kanal, der Elbe-Lübeck-Kanal, entstand um 1900 im alten Bett des ältesten und über 500 Jahre funktionierenden Wasserscheidenkanals Nordeuropas. Nur der südliche Teil des alten Kanals ist zwischen Büchen-Dorf und der Elbe als Grenzfluß zwischen Schleswig-Holstein und Mecklenburg erhalten geblieben.

Wegen der Vormachtstellung Lübecks und der hohen Zölle suchten Mecklenburgs Herzöge nach einem anderen Weg, um Lüneburger Salz an die Ostsee zu verfrachten. Sie nutzten das Flüßchen Schaale, das für mehrere Getreidemühlen aufgestaut war, bis in den Schaalsee und planten einen Kanal nach Wismar, der aber aus Geldmangel nicht gebaut wurde. Diese sog. Schaalfahrt brachte dadurch nie den großen Durchbruch für den Salztransport, wurde aber als Transportweg für Holz zu den Lüneburger Salinen bis ins späte 19. Jh. genutzt (s. Tour 25).

Bauernhaus in Buchhorst/Lauenburg

Weichseleiszeit und Endmoränen, Sölle und Findlinge, Moore und Sander

Das Gebiet wurde durch die letzte der Eiszeiten, die Weichseleiszeit, geformt. Die wellige, flachkuppige Landschaft, die zahlreichen, meist nährstoffarmen Seen, die Moore, Erlenbrüche und die vielen Sölle verdanken ihre Entstehung dieser letzten Vereisung.

Schmelzwasser der abtauenden, bis zu 3000 m mächtigen Gletscher füllte Senken und Rinnen, die von den riesigen Eismassen ausgeschoben wurden. Solche Rinnen und Gletscherzungenbecken erreichten eine beträchtliche Tiefe. Der Schaalsee ist z.B. mit 71,5 m der tiefste See Norddeutschlands, ein Gletscherzungenbecken mit tiefen Ausspülungen durch von den Eisflächen herabstürzende Schmelzwasserfälle.

Die Kuppen der Moränen weisen Höhen zwischen 30 und 100 m über NN auf. Es sind im Norden hauptsächlich Grundmoränen, gebildet aus dem Material, das unter dem von Norden vordringenden Eis als Moränenschutt mitgeschleppt und beim Tauen abgesetzt wurde. Dem Kalkreichtum dieser Geschiebemergel verdanken die Böden im Norden ihre hohe landwirtschaftliche Ertragskraft.

Die höheren Endmoränen sind Ablagerungen, die am Ende, der „Stirn" der Gletscherzungen erfolgten. Das Eis schob dabei Geröll und Erde vor sich her und lagerte es girlandenförmig vor der Eisfront ab. Wurden diese Erdmassen gestaucht (wie mit einer Planierraupe geschoben), erreichten sie Höhen bis zu 100 m (Voßberg bei Mölln). Diese Moränen, die auf die letzte Eiszeit zurückzuführen sind, nennt man Jungmoränen.

Die Weichseleiszeit erreichte allerdings den Westen um den Sachsenwald und den Süden am Hohen Elbufer nicht mehr. Diese Gebiete stammen also noch aus der vorigen, der Saaleeiszeit und wurden von Wind und Schmelzwasser erodiert (ausgewaschen und abgetragen). Diese älteren, nicht mehr mit Eis bedeckten Ablagerungen nennt man Altmoränen.

Beim Tauen der Gletscher brachen die Wassermassen durch Lükken in der Endmoräne und überschwemmten das Vorland. Mitgeführte Sande und Kiese lagerten sich je nach Fließgeschwindigkeit ab und bildeten die Sander, magere Böden im Südosten des Gebietes.

Auffällig ist der Reichtum an großen Steinen an den nördlichen Seen, an ausgebeuteten Kieskuhlen und in der Feldmark. Sie wurden aus dem Ostseeraum und Skandinavien hierher verfrachtet (s. Tour 21). Man findet sie heute vor allem an den Feldrändern, wohin sie von den Bauern gebracht wurden, nachdem man sie aus dem Acker gegraben hatte. Früher fanden sie Verwendung zum Bau der Feldsteinkirchen wie in Zarrentin, Gudow oder Siebeneichen oder als Fundamente der typischen Mecklenburger Bauernhäuser, oft wurden sie zu Steinmauern um die Hofstellen geschichtet. Diese Findlinge sind somit Zeugen gewaltiger erdgeschichtlicher Vorgänge.

Zahlreich sind auf den Feldern besonders im mecklenburgischen Teil kleinere und größere Tümpel. Sie sind meist von Kopfweiden umstanden. Es sind die Sölle (Einzahl - das Soll). Ihre Entstehung verdanken sie großen „Toteisblöcken", die vom Moränenschutt überdeckt wurden und im Laufe von Jahrtausenden abtauten. An ihrer Stelle blieben Einsenkungen erhalten, die sich mit Wasser füllten und heute Lebensräume mit einer reichen Ausstattung sind. Aus den Söllen entstanden oft durch Verlandungsvorgänge die Kesselmoore als abflußlose, kleine Hochmoore mit einer interessanten und einmaligen Tier- und Pflanzenwelt.

Viele dieser Lebensräume wurden durch Melioration (Verbesserung von landwirtschaftlichen Nutzflächen, Fachbegriff in der DDR) und Flurbereinigung in der Vergangenheit vernichtet.

Eiszeitliche Bildungen sind auch die Oszüge, Wallrücken, die sich in den Abflußbahnen unter dem Eis bildeten und besonders ausgeprägt im Süden und Südosten des Naturparks Schaalsee erhalten sind (s. Tour 24). In ihrer Entstehung den Osern (Einzahl - der Os) ähnlich, stellen die Drumlins rundliche, oft sandig-kiesige Kuppen von meist elliptischer Form in den Schmelzwasserrinnen dar.

Aufschlüsse wie Kiesgruben und Anschnitte der Oser gewähren Einblicke in die interessante Vergangenheit der west-mecklenburgisch-schleswig-holsteinischen Landschaft.

Findling im Möllner Wildpark (44,5 t)

Wärmeheide und Magerrasen, Sumpfporst, Sonnentau, Leberblümchen und Wiesenprimel

Die Vielseitigkeit der Pflanzengesellschaften in den dicht beieinanderliegenden unterschiedlichen Lebensräumen ist einmal bedingt durch die klimatische Sonderstellung dieses Gebietes. Etwa auf der Linie Geesthacht – Lübeck verläuft eine deutliche Grenze zwischen dem kontinentalen, trockneren Klima im Osten und dem mehr atlantisch geprägten feuchteren Klima im Westen. Tiefausläufer beeinflussen Norddeutschland aber häufiger, so daß sich der kontinentale Einfluß nicht stärker auswirken kann.

Die Hauptwindrichtungen: West, Südwest, Nordwest machen hier mehr als 60% aus. Die Winde bringen aus den westlichen Richtungen von der Nordsee im Winter Wärme, im Sommer Kühle und sorgen für ein ausgeglichenes Klima. Die seltenen Ostwindwetterlagen erzeugen im Sommer oft Trocken-, im Winter Kälteperioden, verbunden mit dem Wind führen sie gerade auf den leichteren Sanderböden zu Erosionsschäden.

Neben den klimatischen Einflüssen wirken sich auch die unterschiedlichen Böden auf die Pflanzengesellschaften aus. Man unterscheidet im Gebiet 4 Hauptbodentypen (3 davon eiszeitlich geprägt). Der von den weichselzeitlichen Gletschern abgelagerte kalkreiche Geschiebemergel der welligen, kuppigen Jungmoränenlandschaft im nördlichen Teil ist noch nicht stark verwittert, die Entkalkung noch nicht weit fortgeschritten, so daß man hier sehr gute Ackerböden vorfindet, die z.T. bei über 55 Bodenpunkten liegen. Wo der Ton in tiefere Schichten ausgewaschen wurde, haben sich Parabraunerden mit stauender Nässe entwickelt, die drainiert werden müssen.

Die Böden der flachwelligen Altmoränenlandschaft, die vom Weichseleis nicht mehr erreicht wurden, haben einen hohen Sandanteil und zeigen starke Verwitterungsprozesse, vorwiegend Auswaschungen. Dadurch haben sich meistens Braunerde-Podsolböden mit geringem Nährstoffgehalt entwickelt. Diese Gebiete im Westen wurden vielfach aufgeforstet, hier gibt es große Mischwälder (z.B. den Sachsenwald).

Die großen weichselzeitlichen Schmelzwasserströme ließen die Böden der Sander mit Sand, Grobsand und Kies im Südosten entstehen. Die hohe Wasserdurchlässigkeit hat eine starke Auswaschung zur Folge, hier ist die Podsolierung (Ausbleichung, Podsol = russ.: Ascheboden) schon sehr weit fortgeschritten, stärker als auf der viel älteren Altmoräne. Die Sanderböden sind sehr geringwertig, Nährstoffvorrat und Wasserhaltevermögen sind herabgesetzt, Düngergaben werden schnell ausgespült. Die ausgewaschenen Humussubstanzen und Mineralien flocken in tieferen Bodenschichten oft aus und bilden wasserundurchlässige Ortsteinkrusten. Diese Böden sind nur für anspruchslose Kulturen wie Roggen und Kartoffeln geeignet, vielfach wurden sie mit Kiefernwäldern aufgeforstet.

Die nacheiszeitlichen Böden der Niederungen sind oft anmoorig (Humusgehalt <30%), moorig und feucht. Von Natur aus sind diese Böden Grünlandstandorte und erst nach Entwässerung anders nutzbar. Enthalten diese Böden allerdings Tonanteile wie die Auengleyböden der Elbmarschen, können sie bis zu 50 Bodenpunkte erreichen und sind sehr gutes Ackerland.

Durch das Übergangsklima und die mageren Böden auf den Sanderflächen konnte sich eine regionaltypische Heideformation, die binnenländische Wärmeheide, ausbilden. Sie ist eine Pflanzengesellschaft zwischen den atlantischen Ginsterheiden und den kontinentalen Magerrasen. Als typische und mehr kontinentale Arten wachsen hier Heidegünsel, Berghaarstrang und die seltene Wiesenküchenschelle, die früher von den Grauen Dünen der Ostsee bis an die Elbe verbreitet war. Auch der Englische und Behaarte Ginster als atlantisch geprägte Arten sind schon sehr selten geworden, da die mageren Standorte vielfach aufgeforstet worden sind (z.B. die Bröthener Heide). An anderen Stellen, wie bei Göttin, versucht man, ihre Standorte zu erhalten oder zurückzugewinnen. Reste der Wärmeheide finden sich dennoch vielfach an Weg- und Waldrändern.

Eine sehr ähnliche Pflanzengesellschaft wächst auf den Magerrasen (Sandtrockenrasen) der Sander. Größere Flächen gibt es davon selten, da sie wie andere offene Landschaften einer Sukzession (Aufeinanderfolge von einer Pflanzengesellschaft zur nächsten) unterliegen. Wenn der Mensch nicht eingreift, entsteht daraus ein Birken-Kiefern-Wald. Die größte Magerrasenfläche ist bei Büchen-Dorf das Naturschutzgebiet „Büchener Sander“ (ca. 100 ha). Es wird von Schafen beweidet, und der Baumanflug wird regelmäßig entfernt. So können sich seltene Arten wie Sandstrohblume, Nelkenschmiele, Gras- und Heidenelke erhalten.

Im Rahmen der Extensivierungsprogramme sind viele sandige Äcker, die als Grenzertragsböden wenig einbrachten, stillgelegt worden. Im Raum Langenlehsten, Gudow und Lehmrade konnten so neue Flächen mit Magerrasenvegetation entstehen. Besonders in den ersten Jahren, wenn es noch offene Flächen gibt, wachsen hier Lämmersalat, Zahntrost, Ackerfilzkraut und Sandstrohblume, später machen sie langlebigeren Staudenfluren Platz, die mit Silbergras, Schafschwingel, Feldbeifuß und Moosen eine geschlossene Vegetationsdecke bilden.

Eine Rarität unter den Magerrasen ist das Neunkirchener Os, ein eiszeitlicher, gut erhaltener Wallberg östlich des Schaalsees mit kalkliebenden Pflanzen. Hier gibt es so seltene Arten wie Stengellose Kratzdistel, Wiesenlein, Frühlingsfingerkraut, Hügelklee und Skabiosenflockenblume. Dieses Os ist auch als Naturdenkmal von hohem Wert.

Feuchtgebiete wie Quellen, Seen und Moore sind im Naturpark Lauenburgische Seen und im Schaalseegebiet zahlreich zu finden. Intakte Quellen mit Bitterem Schaumkraut oder Milzkrautarten gibt es noch in naturnahen Waldgebieten wie z.B. am Krebssee.

Viele Seen sind unter Naturschutz gestellt und von Wald umgeben, so daß verunreinigende Düngereinträge nur aus der Luft kommen. Hier findet man seltene Pflanzen wie Sumpfcalla und Schlammsegge in den Schwingrasen der nährstoffarmen, aber humusreichen Braunwasserseen Schwarze Kuhle (bei Salem) und Schwarzsee (im Hellbachtal) oder noch seltener die Schneide, ein Riedgras im Uferbereich des nährstoffarmen Krebssees und am südlichen Schaalsee. Sie gehört zu den eiszeitlichen Relikten und ist auf kalkreiches Wasser bzw. Seekreide angewiesen.

Die meisten Seen sind nährstoffreich und haben eine Verlandungszone mit unterschiedlichen Pflanzengesellschaften. Das geht von den unterirdischen Armleuchteralgen über Laichkrautzonen, Seerosen-, Röhricht- und Großseggengürtel zu Weidengebüschen und Erlenbrüchen. Eine solche charakteristische Zonierung findet man besonders gut am Lottsee im Hellbachtal. Sarnekower See, Gudower See u.a. haben aber auch Verlandungsstreifen von mehreren Metern Breite mit Kalmus, Wasseriris und Schlangenknöterich.

Bei der Verlandung eines nährstoffreichen Sees entsteht ein artenreiches Niedermoor, das als Endstufe der Sukzession in einen Erlenbruch – oft auch mit Birken vermischt – übergeht. Diese Form des bewaldeten Übergangsmoores ist im Gebiet häufiger anzutreffen.

So wie es im Bereich der Trockenstandorte deutliche Übergänge von atlantisch beeinflußten Heiden zu kontinentalen Magerrasen gibt, findet man bei den Hochmooren Übergänge zwischen atlantischen, baumfreien Mooren wie dem Königsmoor im westlichen Nachbarkreis und

Blütenvielfalt auf Magerrasen

dem mehr kontinentalen Salemer Moor mit Sumpfporst-Birken-Kiefernbruchwald, das nach pollenanalytischen Untersuchungen aber erst seit 200 Jahren bewaldet ist. In diesem sogenannten Lauenburgischen Waldhochmoor wachsen noch Sumpfporst, Rosmarinheide, zwei Sonnentauarten und über zwanzig verschiedene Torfmoose.

Etwa 25 Prozent des Herzogtums Lauenburg und Westmecklenburgs sind bewaldet, zum größten Teil mit Laubwald bedeckt. Die häufigste Art ist die Rotbuche, die besonders gut auf den lehmigen Grund- und Endmoränenböden wächst. Stattliche Wälder davon gibt es westlich von Mölln am Voßberg, bei Salem oder im Mechower Holz. Die kalkreichen Buchenhangwälder östlich des Ratzeburger Sees enthalten eine interessante Krautschicht mit Leberblümchen, Nickendem Perlgras und Wiesenprimel. Wenn man Glück hat, findet man seltene Waldorchideen. Die meisten lauenburgischen Buchenbestände sind natürlich entstanden. Nach einer reichlichen „Mast“ (viele reife Früchte) keimen im darauffolgenden Frühjahr Tausende von jungen Buchen, von denen nur wenige das Alter von 150 Jahren erreichen und schlagreif werden. Auf besonders nährstoffreichen Böden, wie z.B. im Bartelsbusch, stockt ein Laubmischwald mit besonders hohem Anteil an Edellaubhölzern wie Esche, Kirsche und Ahorn. 200 Jahre alte Eichen sind hier nicht selten, und sie sind aufgrund des guten Bodens besonders kräftig. An solchen Standorten ist auch die Krautschicht im Frühjahr artenreich vertreten, wenn die Frühlingsblumen noch keine Lichtkonkurrenz durch belaubte Bäume haben.

Wird der Boden feuchter, überwiegen Eschen, die noch bei hohen Wasserständen gedeihen, stauende Nässe vertragen allerdings nur Erlen, die man häufig im Niedermoor, an verlandenden Gewässern und im Erlenbruch findet. An ihren Wurzeln befinden sich Knöllchenbakterien, die den Luftstickstoff binden, daher ist der Boden unter Erlen stets stickstoffreich. In diesen feuchten Laubwaldgesellschaften wachsen Waldorchideen wie Grüne Waldhyazinthe, Fuchs-Knabenkraut und Großes Zweiblatt, die schmarotzende, rosafarbene Schuppenwurz, die nur aus dem Blütenstand besteht, kommt auch nur hier vor.

Auf den südlichen Sanderflächen dominiert die Kiefer. Mit ihren tiefreichenden Pfahlwurzeln kann sie zum Grundwasser gelangen und ist mit den wenigen Nährstoffen der armen Sanderböden zufrieden. Meistens ist sie mit der Traubeneiche gemischt, auf den neu aufgeforsteten Flächen sieht man sie oft auch mit der schnellwüchsigen Douglasie aus Nordamerika. Sogar Buchen findet man heute auf Sanderböden angepflanzt. Sie werden niemals Nutzholz, sondern gelten als „dienende Holzart“ der Bodenverbesserung. Ist der Boden nicht zu stark von der Geschlängelten Schmiele, einer Grasart, bedeckt, wachsen unter Kiefern und am Kiefernwaldrand auch Heidekraut, Glockenblumen und Blaubeeren.

Kranich und Seeadler, Graugans und Kormoran, Moorfrosch und Maräne

In diesem Gebiet findet man einen Reichtum an Tierarten, die andernorts bereits verschwunden sind. Die jahrzehntelange Abgeschiedenheit im Grenzraum begünstigte das Überleben zahlreicher gefährdeter Arten. So hat der Kranich, mit einer Höhe von 1,25m der größte einheimische Vogel, hier die sichersten Brutvorkommen an seiner westlichen Verbreitungsgrenze in Mitteleuropa. Neben den Brutpaaren trifft man auch außerhalb der Zugzeiten umherstreifende sog. „Junggesellen" in Trupps von 10 bis 30 Exemplaren an. Eindrucksvoll ist der im Herbst einsetzende Zug, auf welchem sich gegen Abend einige Hundert dieser großen Vögel auf den abgeernteten Feldern versammeln und dann mit lautem Trompeten zu den flachen Seebuchten, ihren Schlafplätzen, fliegen.

Der Seeadler brütet als große Kostbarkeit an den Seen des Biosphärenreservats Schaalsee. Sein eindrucksvolles Flugbild mit den bis zu 2,5m klafternden, brettartigen Schwingen ist hier zu sehen. Zur bevorzugten Beute dieses großen Greifs gehören die größeren Hechte und Brachsen, in der Zeit der Jungenaufzucht aber vor allem die „Gössel" der Graugänse, welche hier an den Seen eines der größten geschlossenen Brutgebiete in Deutschland haben. In den stark zurück gegangenen Röhrichten des Schaalsees, den Schilfwäldern, nistet noch die Große Rohrdommel, deren Rufen dem Brüllen eines Rindes ähnelt. Der Volksmund nennt sie den „Moorochs". Im Frühling schallt dieser Laut weit in das Land.

An schwülwarmen Sommertagen, oft vor Gewittern, gehört der Gesang des Drosselrohrsängers zum Klangbild der Seenlandschaft. Auch dieser Vogel ist mit dem Schilfsterben selten geworden.

Wie ein smaragdener Pfeil schießt der Eisvogel in Ufernähe über das Wasser, und auch an den Bächen kann man ihn mit einigem Glück beobachten. Er nistet an den Prallhängen der Flüßchen, wohl auch im Wurfboden eines umgestürzten Baumes, in den er seine meterlange Brutröhre gräbt. Kiebitz und Bekassine brüten auf den Grünländern und Feuchtwiesen, auf denen der Weißstorch nach Nahrung sucht. Auf der Insel im Culpiner See nistet, in den letzten Jahren an Zahl zunehmend, der Kormoran. Dieser schöne Vogel macht sich unbeliebt bei Fischern und Anglern, weil er sich nur von Fischen ernährt. Wie schwarze Kreuze stehen sie nach der Unterwasserjagd auf Pfählen und Steinen und trocknen ihr ungefettetes Gefieder.

Die Sölle auf den Äckern, aber auch die Dorfteiche sind Laichgewässer für Kamm- und Teichmolche, Erd- und Wechselkröte sowie Moor-, Gras- und Teichfrösche. Von Mitte

Weinbergschnecken bei der Paarung

Mai bis weit in den Juni hinein schallt der nächtliche Gesang der Laubfrösche über das Land. In den flachen Teichen und Tümpeln im Norden kommt noch die seltene Rotbauchunke vor. Im Ratzeburger See und im Schaalsee lebt die Kleine Maräne. Die Große oder Schaalseemaräne kommt nur im Schaalsee vor.

In den Wäldern, besonders unter Nadelbäumen, werden die beachtlichen Nesthügel der Waldameisen auffallen. Sie vertilgen große Mengen forstlicher Schadinsekten und werden daher „die Polizei des Waldes" genannt.

Eine Insektenvielfalt findet man auf den Blüten an den Wegrändern, den Knicks und den Magerrasen- oder Extensivierungsflächen im Süden des Wandergebietes. Auffällig sind besonders die Schmetterlinge wie Bläulinge, Tagpfauenaugen oder Kleine Füchse, die über den Flächen schweben. Zwischen Grasbülten und auf den Wegen huschen die flinken Laufkäfer in ihren schillernden Chitinpanzern. Im sandigen Boden bauen Solitärbienen, die keinen Staat haben, wie Sandbienen und Grabwespen ihre Röhren für die Aufzucht der Brut. Letztere tragen Spinnen, Grashüpfer oder Raupen unter die Erde, lähmen sie und schaffen so einen Nahrungsvorrat, der nicht so schnell verdirbt. Da sie sich bei ihrer Arbeit nicht stören lassen, kann man sie gut beobachten.

Von den 75 nachgewiesenen Säugetierarten wird man nur einigen bei Tage begegnen. Viele sind nachtaktiv und heimlich oder fliehen bei den geringsten Geräuschen, so daß man sie eher hören als sehen kann.

Rehe und Rotwild als Bewohner der Wälder und Waldränder haben sich stark vermehrt. Die Kulturlandschaft mit ihrem gleichbleibenden Nahrungsangebot bietet ihnen beste Lebensmöglichkeiten. Mit den langen Läufen können sie sich schnell fortbewegen und gewandt springen. Im Herbst kann man in der Brunftzeit das gewaltige Röhren der Hirsche hören, wenn sie um die Weibchen kämpfen.

Der Kranich braucht Feuchtgebiete wie Moore und Erlenbrüche zur Jungenaufzucht

Das Wildschwein ist an Wälder mit morastigem Untergrund und Dickungen angepaßt. Mit dem Rüssel wühlen sie den Boden auf und suchen nach Kleintieren bis hin zu Mäusen und herabgefallenen Baumfrüchten (Mast). Die Bachen (Weibchen) ziehen in einem aus Astwerk und trockenem Polstermaterial gebauten Kessel ihre Jungen, die Frischlinge, auf. Sie haben noch den ganzen Sommer ein gestreiftes Borstenkleid, das erst im Winter in die graubraune Farbe der Alten wechselt. Wenn man den Tieren selbst auch nicht oft begegnet, findet man ihre Wühlspuren unter den Bäumen und zum Ärger der Landwirte in manchem Mais- und Kartoffelfeld.

Auf den offenen Sandflächen der südlichen Gebiete bauen die Kaninchen Röhre an Röhre. Mehrmals im Jahr haben sie Nachwuchs und vermehren sich stark. In den letzten Jahren sind sie durch Krankheiten stark zurückgegangen. Der etwas größere Hase drückt nur eine flache Mulde in die Vegetation. Er ist auf die Deckung angewiesen, die ihm Feldgehölze und Knicks bieten. Ein Feind für beide ist Reinecke, der Fuchs, den man auch entdecken kann, wenn er durch Wiesen und Felder schnürt und den Mäusen nachstellt. Seit seine Baue nicht mehr begast werden und gegen Tollwut geimpft wird, ist er wieder häufiger zu sehen.

Auch wenn sie wie Vögel durch die Lüfte segeln, Fledermäuse gehören zu den Säugetieren. An warmen Abenden kann man verschiedene Arten über den Seen, Feldern und auch in den Dörfern beobachten, wenn sie den fliegenden Insekten nachjagen und sie mit Ultraschall orten. Sie wohnen im Sommer in Baumhöhlen, in Verstecken, die sie in den alten Bauernhäusern finden, und neuerdings auch in Nistkästen, die ihnen von verständigen Menschen hoch oben an Häusern oder Bäumen angebracht werden.

Naturparke, Biosphärenreservate – Erholung für Mensch und Natur

Naturparke sind geschaffen worden, um großräumige Kulturlandschaften, die aus Naturschutzgründen sowie wegen ihrer besonderen Eigenart und Schönheit von herausragender Bedeutung sind, zu erhalten, zu pflegen, zu entwickeln. Sie sind Regionen, in denen sich Mensch und Natur erholen können. Sie bewahren und entwickeln Landschaft und Natur und unterstützen einen naturverträglichen Tourismus (§27 Landesnaturschutzgesetz). Sie fördern eine nachhaltige Regionalentwicklung und bieten Umweltbildung und Öffentlichkeitsarbeit. Damit tragen sie dazu bei, die Ansprüche der Menschen an ihre Lebens- und Wirtschaftsräume mit den Anforderungen von Landschafts- und Naturschutz in Einklang zu bringen.

So sollen sich großräumige Vorbildlandschaften entwickeln, die im ländlichen Raum eine naturverträgliche Land- und Forstwirtschaft sichern, was einen schonenden Umgang mit den natürlichen Ressourcen einschließt.

Naturparke sind Regionen, in denen Natur- und Landschaftsschutz Hand in Hand gehen mit einer nachhaltigen regionalen Entwicklung. Sie unterstützen kulturelle und künstlerische Aktivitäten, die die regionale Identität und Eigenart stärken und das Leben in der Region attraktiv und abwechslungsreich machen.

Die Naturparke schaffen Naturerlebnisräume und unterstützen und fördern touristische Angebote, die den Ansprüchen an Natur- und Landschaftsschutz sowie der Eigenart der Region Rechnung tragen. Durch die Beteiligung an naturverträglicher Erschließung und Vernetzung werden Naturparke zu einem wichtigen Partner bei der regionalen Entwicklung und Vermarktung.

In besonders geschützten Bereichen soll sich die Natur aber auch ohne den Menschen nach ihren Gesetzen entfalten können, sollen Bäume natürlich sterben und vermodern, sollen sich Tiere und Pflanzen in ihrem Lebensraum ungestört entwickeln können. Andererseits soll aber auch der Mensch für die Natur sensibilisiert und aufgeschlossen werden durch das Erleben der Natur in Gebieten, wo es ohne Störungen möglich ist.

Die Naturparke sind aktive Kommunikationspartner für die Region wie für ihre Besucher. Sie vermitteln die Ziele von Landschafts- und Naturschutz gegenüber den verschiedenen Besuchergruppen. Sie entwikkeln Aktivitäten zur Umweltbildung und unterstützen schulische und außerschulische Einrichtungen bei der Umsetzung von umweltpädagogischen Angeboten.

Die gleichen Bedingungen gelten auch für das Biosphärenreservat. Der Begriff setzt sich aus Biosphäre (=Lebensraum) und reservare (=bewahren) zusammen. Ein Biosphärenreservat ist kein isolierter Standort, sondern im Verbund mit anderen nationalen und internationalen Biosphärenreservaten zu sehen. Durch eine Vernetzung ergeben sich Chancen und Möglichkeiten, nicht nur im Umweltschutzbereich, sondern auch für den Arbeitsmarkt, in der Umweltforschung, der Umwelterziehung, dem artgerechten Landbau und dem Tourismus.

In diesen Gebieten wird die biologische Vielfalt erhalten, ihre Hauptbestandteile sollen aber nachhaltig genutzt werden können. Drei Funktionen sind besonders hervorzuheben: Biosphärenreservate dienen zum einen der Umwelt und dem Naturschutz. In besonders naturnahen Bereichen, den Kernzonen, soll sich die Natur ohne äußere Einflüsse entwickeln. Diese Zonen sind langfristig besonders geschützt und dürfen nicht betreten werden. Der praxisorientierten Forschung, um Grundlagen für neues Handeln zu entwikkeln, dienen die Puffer- und Pflegezonen um die besonders geschützten Gebiete herum. Im größten Teil, der Entwicklungs- oder Übergangszone, steht nicht die unberührte Natur, sondern die vom Menschen geschaffene Kulturlandschaft im Mittelpunkt. Mit umweltverträglichen Konzepten soll sich das Gebiet zu einer Modellregion entwickeln, in der gezeigt wird, wie nachhaltige wirtschaftliche Entwicklung in Zusammenarbeit mit der örtlichen Bevölkerung praktiziert werden kann. Dabei sollen die charakteristischen Strukturen einer alten bäuerlichen Kulturlandschaft bewahrt werden.

Diesem weltweiten Projekt der UNESCO (Organisation der Vereinten Nationen für Erziehung, Wissenschaft und Kultur) hat sich die Region am Ostufer des Schaalsees angeschlossen.

Unter besonderem Schutz stehen auch etwa 30.000 ha Landschaftsraum in der lauenburgisch-westmecklenburgischen Seenplatte mit Seen, Mooren, Wäldern und Magerrasen rund um den Schaalsee. Der Bereich liegt zur einen Hälfte in Schleswig-Holstein, zur anderen in Mecklenburg-Vorpommern. Gemeinsam mit dem WWF haben sich die drei umliegenden Landkreise zum Zweckverband „Schaalsee-Landschaft“ zusammengeschlossen, einem Projekt, das wohl einmalig in Europa ist. Mit Ankäufen, Pacht und staatlichen Schutzgebietsverordnungen wird ein Gebiet von „gesamtstaatlich repräsentativer Bedeutung" gesichert und entwickelt.

Einige Landschaftsteile sind besonders geschützt, um seltene Tiere und Pflanzen vor dem Aussterben zu bewahren. Darum gibt es hier und da Gebiete, die nicht oder nur auf den Wegen betreten werden dürfen. Schilder weisen auf diese unterschiedlichen Schutzgebiete hin:

In Schleswig-Holstein ist es oft noch das grün umrandete Dreiecksschild mit dem Adler und dem Aufdruck Natur- oder Landschaftsschutzgebiet, aber auch die sonst übliche schwarze Eule auf gelbem Grund. Die Ausweisung als Naturschutzgebiet ist der stärkste Schutzstatus, der einer Landschaft verliehen werden kann. Oftmals gelten zeitliche Betretungsverbote auch auf den Wegen, wenn während der Brut- und Setzzeit gefährdete Arten abgeschirmt werden müssen. Bei folgendem Schild: rund und rot umrandet mit einem stilisierten, diagonal durchgestrichenen Wald, dürfen Gebiete überhaupt nicht betreten werden.

Der Tourismus ist ein Wirtschaftszweig, trotzdem oder gerade deshalb werden Leitbilder entwickelt, die die „Erlebbarkeit einer vielfältigen, ursprünglichen Seen-, und Kulturlandschaft mit naturschonenden Angeboten" garantieren. Denn man hat festgestellt, daß bei den Urlaubern, die in diese Regionen reisen, Ruhe und Naturerleben die Rangliste der Aktivitäten anführen. Darum ist der Schutz von Natur und Landschaft auch eine Chance für den Tourismus.

Die einmaligen Naturräume wie unbegradigte Bachläufe, Moor- und Bruchwälder, Heiden und Magerrasen, aber auch die vielfältigen Seen von unterschiedlicher Entstehung und Ausprägung bieten ein natürliches Freizeitumland für die nahen großen Städte Hamburg, Lübeck und

Der Schwarzspecht baut seine Höhlen in Buchenaltholz

Schwerin, aber auch ein Erholungspotential für andere Gäste.

Im Kreis Herzogtum Lauenburg wird die touristische Infrastruktur gezielt auf dem Thema „Naturerlebnis“ ausgebaut. Dazu gehört ein verbessertes gut ausgeschildertes Wegenetz abseits der Autostraßen für Wanderer, Radfahrer und Reiter. Infotafeln und Lehrpfade, Aussichtsplattformen und Beobachtungstürme weisen auf Besonderheiten hin. Kürzlich wurden Anlegestellen für das „Naturerlebnis Kanuwandern“ an einigen Seen im Kreis Herzogtum Lauenburg eingerichtet, da das Aus- und Einsteigen aus Gründen des Uferschutzes nur an besonderen Stellen erlaubt ist. Gelegenheit zum Baden und Schwimmen gibt es an vielen Seen des Gebiets. Seit 2002 ist die Herzogtum Lauenburg Marketing und Service GmbH zuständig für den Tourismus im Kreis.

Die gute Ausschilderung gilt auch für das Gebiet östlich des Schaalsees. Im Biosphärenreservat Schaalsee sorgen Mitarbeiter der Naturwacht für die Einhaltung von Ge- und Verboten. Sie sind aber auch Ansprechpartner bei Problemen und zeigen dem Besucher auf Führungen die Besonderheiten der Natur und der Kulturgeschichte. Im Rahmen der Agenda 21 wird ein Tourismuskonzept entwickelt. Informationen erhalten Sie im Pahlhuus in Zarrentin (Förderverein des Biosphärenreservats oder Amt für das Biosphärenreservat Schaalsee). Adressen und Telefonnummern entnehmen Sie bitte den Fremdenverkehrsinformationen am Ende des Buches.

Herzlich willkommen an der Alten Salzstraße

Die spätere Salzstraße bestand als via regia schon in frühgeschichtlicher Zeit als Handels- und Heerstraße, lange bevor die Lüneburger Saline im 10. Jahrhundert erstmals genannt wurde. Ursprünglich war sie nur durch die Huf- und Wagenspuren markiert, dann wurde sie zuerst an besonders unwegsamen Partien mit einem ersten Pflaster befestigt. Aber schon lange ist das Peitschenknallen der Fuhrleute und das Rumpeln der eisenbeschlagenen Räder auf dem Kopfsteinpflaster verhallt.

Durch Ausbau, Begradigung, Verbreiterung und das Aufgehen im öffentlichen Straßensystem blieb über weite Strecken nur noch die Erinnerung an den alten Handelsweg. Hier und dort hat sich jedoch ein Rest des ersten Pflasters erhalten, wie am Breitenfelder Moor (s. Tour 18). In den alten Karten ist ihr Verlauf für alle Zeiten festgeschrieben. Unsere Einführungstour folgt den Wegen des Salzes und verknüpft mit den beiden Abstechern auf ideale Weise in einer Mehrtages- und Kennenlern-Tour die schönsten Wanderziele dieses Landschaftsführerbandes.

Tour 1:

Mit dem Rad quer durch das Wandergebiet von Lüneburg nach Lübeck mit Abstechern zum Schaalsee und nach Ratzeburg

Anfahrt nach Lüneburg
Bahn Hamburg-Hannover, Lübeck-Lüneburg
Bus Linienbusse
Pkw B4 Hamburg-Hannover, B 216 von Dannenberg, B 209 Lauenburg-Soltau
Ausgangspunkt
„Alter Kran" an der Ilmenau
Wegstrecke
etwa 190 km in flachem bis hügeligem Gelände
Orientierung
Kanalstrecke für Radfahrer gut ausgeschildert
Rast und Einkehr
viele Möglichkeiten auf der Strecke

Die Radtour führt von Lüneburg nach Lübeck geradewegs in den Naturpark „Lauenburgische Seen" und das Biosphärenreservat „Schaalsee" beiderseits der früheren innerdeutschen Grenze. Gerade hier hat sich in der Abgeschiedenheit des Todesstreifens für Menschen Natur in reichem Maße erhalten.

Mit dem Fahrrad ist diese teils flache, teils hügelige Wald- und Seenlandschaft gut zu bewältigen. Die Etappen kann man sich leicht anders einteilen, denn gemütliche Gasthöfe und kleine Pensionen gibt es auch in den zahlreichen Dörfern auf der Strecke.

1.Tag
Von Lüneburg nach Lauenburg (30 km)

Vor der Abfahrt am „Alten Kran" in Lüneburg sollte man sich die Zeit zu einem Stadtrundgang nehmen, durch die verwinkelten Gäßchen der Altstadt streifen mit den Salzspeichern am Hafen und den Patrizierhäusern mit ihren unterschiedlich gestalteten Giebeln. Das Salz, das „weiße Gold", hat das Schicksal der Stadt fast ein Jahrtausend beeinflußt, und im vielfach ausgezeichneten Salzmuseum nahe dem Industriedenkmal Saline Lüneburg wird die Gegenwart mit Geschichte und Vergangenheit interessant verknüpft. Über die Ilmenau gelangt man zum Kloster Lüne, einem ehemaligen Benediktiner-Nonnenkonvent, das im Sommerhalbjahr besichtigt werden kann. Die Gebäude stammen aus der Zeit um 1400.

Von hier aus geht es nach Scharnebek, wo ein modernes Schiffshebewerk die Binnenschiffe auf dem Elbe-Seitenkanal 38 m vom Geesthang in die Flußmarsch absenkt. Auf den Deichen des Kanals erreicht man über Echem die Elbe. Schon von weitem zeigt sich die Altstadt von Lauenburg am Hohen Elbufer von ihrer schönsten Seite. Ein Bummel durch die historische Altstadt schließt diesen Tag ab (s. Tour 19).

2.Tag
Von Lauenburg nach Mölln (40 km)

Diese Fahrtstrecke ist etwas länger als am Vortag, dafür aber ohne Besichtigungen, heute Natur pur: Wald, Wasser und die Weite der Landschaft. Man fährt hauptsächlich auf dem Treidelweg am Elbe-Lübeck-Kanal

Altstadt von Lauenburg

entlang, geruhsam und ohne Steigungen. Über Basedow und die Dalldorfer Brücke geht es nach Witzeeze. Ein Abstecher zur Dückerschleuse, der letzten Stauschleuse am ehemaligen Stecknitz-Delvenau-Kanal, sollte eingeplant werden (s. Tour 21). In Büchen-Dorf lohnt ein Blick in die Priesterkate. Der Fährmann in Siebeneichen setzt einen an das andere Ufer über (s. Tour 17), auf dieser Seite erreicht man Mölln aber schneller. Wie wäre es mit einer Badepause an den Kiesseen bei Güster, oder ist diese Tour für Sie nicht lang genug? Dann können Sie noch bei den „Guldenburgs“ in Wotersen vorbeischauen, ehe Sie Mölln erreichen.

3.Tag
Rundfahrt Mölln-Schaalsee-Mölln (65 km)

Von Mölln fährt man zwischen Lüttauer See und Drüsensee auf wenig befahrener Landstraße nach Lehmrade. Die Kuppe des baumbestandenen Oldenburger Ringwalls, einer Befestigungsanlage der slawischen Einwanderer (um 900), ragt aus der Ebene empor. Der eindrucksvolle Wall ist außen noch 7 m hoch. Der Oldenburger See gegenüber ist ein verlandendes Flachmoor mit interessanter Vegetation, darf aber nicht betreten werden. Im knietiefen Wasser übernachten hier ab Mitte September die Kraniche vor ihrem Weiterflug in die Estremadura. Vom Ringwall aus kann man allabendlich vor dem Einbruch der Dämmerung ihren eindrucksvollen Einflug in das Feuchtgebiet miterleben. Dieses Gebiet wird vom WWF betreut. Über Neu Sterley und Hollenbek kommt man bei Marienstedt an die Grenze zur ehemaligen DDR. Hier kann man auf schmalen Straßen nach Zarrentin radeln (s. Tour 22), über Lassahn und Dutzow, am Lüneburger Berg vorbei nach Kittlitz (s. Touren 24 und 25). Die früher ausgedehnten Waldungen hatten die Lüneburger aufgekauft, um das Holz für die Lüneburger Saline einzuschlagen (s. Kulturgeschichte, Schaalfahrt). Hinter Salem kreuzt man den Schaalseekanal (s. Tour 5) und fährt über Sterley und Brunsmark nach Mölln zurück.

Auf dem Kanaltreidelweg bei Siebeneichen

Einflug der Kraniche

4.Tag
Rundfahrt Mölln-Ratzeburg-Mölln (30 km)

Von Mölln Nord radelt man nach Schmilau, statt der Straße bieten sich hier zahlreiche Wege im Wehnsöhlengrund an, einem eiszeitlichen Trockental. Durch die Vorstadt Demmin gelangt man über den Königsdamm auf die „Insel“, den historischen Stadtkern (s. Tour 4). Hinter dem St. Georgsberg kreuzt man die Eisenbahn und die B 207 und fährt über Albsfelde, Lankau und das Pirschbachtal (s. Tour 14) nach Mölln zurück.

5.Tag
Von Mölln nach Lübeck (25 km)

Diese Tour ist nicht so lang, da bietet sich als erstes ein Rundgang durch Eulenspiegels 800 Jahre alte Stadt an (s. Tour 12). Der Hauptweg ist am linken Kanalufer ausgeschildert, aber auch rechts geht es am Voßberg und dem Pirschbachtal (s. Tour 14) entlang parallel dazu bis zur Donnerschleuse. Ohne Unterbrechung radelt man nach Berkenthin (s. Tour 10 b) und Krummesse, wo man kurz hinter der Krummesser Schleuse den Kanal quert. Der Ort gehört schon zur Hälfte zum Territorium von Lübeck. Am Holstentor, mitten in Lübeck auf der Stadtinsel, endet dieser Tag. Die Autofahrer sollen natürlich nicht ausgeschlossen werden. Fast alle interessanten Stationen lassen sich über das weitverzweigte Straßennetz genauso gut mit dem PKW erreichen.

Diese oder ähnliche Touren werden auch über den Fremdenverkehr als „Paket“ mit Tourenrad, Übernachtungen, Führungen, Gepäcktransfer ... angeboten. Räder kann man in allen Städten an der Strecke ausleihen. 1995 wurden im Kreis Herzogtum Lauenburg zahlreiche Radrundfahrten von 25 bis 50 km Länge ausgeschildert, so daß sich auch jeder eine eigene Tour zusammenstellen kann (Kartenmaterial gibt es in den Fremdenverkehrsämtern).

Tour 2
Auf Schusters Rappen in 4 Tagen um den Schaalsee

Der Schaalsee ist der tiefste und schönste Klarwassersee der Norddeutschen Tiefebene mit vielen Buchten, Inseln und Werdern. Bei einer Gesamtgröße von 23 km² ist er 71,5 m tief. Seine Umgebung ist flachkuppige Jungmoränenlandschaft mit Bergen, Tälern und Wäldern. Von den vielen Aussichtspunkten blickt man weit über große Wasserflächen und schilfbestandene Ufer. Eine Menge an Steinen ließ die letzte Eiszeit zurück, daher auch der Name des Sees, denn Schaalsee kommt vom slawischen „scala", was Stein bedeutet. Gewässer, Wälder, Moore und das artenreiche Knicknetz, das die Felder einfaßt, sind ein wertvoller Lebensraum für Pflanzen und Tiere, viele sehr selten und an die besonderen Lebensräume angepaßt. Verschiedene Orchideen wachsen im Kalkmoor, Seeadler, Fischadler und Kormoran jagen über den Wasserflächen, im Frühjahr rufen abends Rotbauchunke, Moorfrosch und Wechselköte.

Die innerdeutsche Grenze trennte den See über 40 Jahre in zwei gleiche Teile. Heute sind die Schönheiten des Sees wieder für alle zugänglich, ob man das Biosphärenreservat „Schaalsee" auf mecklenburgischer Seite oder den Naturpark „Lauenburgische Seen" in Schleswig-Holstein besucht.

Für Wanderer gibt es ein besonderes Angebot: Wandern ohne Gepäck in 4 Tagen rund um den Schaalsee und durch seine liebliche Umgebung, organisiert vom Landhotel „Hänsel" in Roggendorf (4 Übernachtungen mit Frühstück, Gepäcktransfer, Wanderkarte, Infomappe).

Die Tagesetappen sind zwischen 15 und 20 km lang und führen z.T. direkt am See entlang oder durch die kleinen Ortschaften mit ihren gemütlichen Gaststuben, zur Kutscherscheune oder den vielen Rastplätzen. Auf Wunsch werden die Gäste vom Bahnhof abgeholt.

Anfahrt nach Roggendorf
Bahn Lübeck-Lüneburg
Hamburg-Schwerin
Gäste werden in Ratzeburg bzw. Schwerin abgeholt
Pkw A 24, Abfahrt Zarrentin, über Lassahn, Kneese nach Roggendorf
B 208 zwischen Ratzeburg und Gadebusch
Ausgangspunkt
Landhotel „Hänsel", Roggendorf
Wegstrecke
70 km in flachem bis hügeligem Gelände
Orientierung
Infopaket des Anbieters
Rast und Einkehr
viele Möglichkeiten an der Strecke

1. Tag
Von Roggendorf nach Salem (20 km)

Am Ortsausgang von Roggendorf biegt man links Richtung Marienthal, Dutzow ab. Der Weg führt durch die

Der Küchensee, eine Bucht des Schaalsees

von der Landwirtschaft bestimmte Grundmoränenlandschaft am nördlichen Schaalsee. Hier werden auf Böden mit hohen Bodenpunkten Getreide und Raps angebaut, vom satten Grün der Wiesen unterbrochen. Goldgelbe Felder mit einem Netz von artenreichen Knicks begleiten den Wanderer im Frühjahr. Die schmale Brücke bei Dutzow mit kopfsteingepflastertem Weg verbindet Mecklenburg mit Schleswig-Holstein. Ein kurzes Stück bleibt man auf dem Weg nach Kittlitz, um kurz hinter Rosenhagen links in einen Wirtschaftsweg einzubiegen. Direkt am Ufer des Dutzower Sees, quer durch den Wald am Niendorfer Binnensee vorbei, geht es zur Fährkate. Hier muß man aufpassen, den Weg zwischen Zaun und letztem Grundstück nicht zu verfehlen. Man quert die Landstraße und wandert Richtung Dargow durch die Feldmark. Hier sollte man den wundervollen Ausblick vom neuen Aussichtsturm am Ortsrand genießen, Kaffee trinken oder einen Räucherfisch aus dem Schaalsee essen. Hinter dem Ort gelangt man an mehrere Seen, aufgereiht wie auf einer Perlenkette: den Puhlsee, den Pipersee und den Salemer See. Man geht am östlichen Ufer entlang und erreicht Salem, wo man im „Seehof Salem" übernachtet. Wer noch nicht genug gesehen hat, kann noch einen Abstecher zum „Salemer Moor" oder zur „Schwarzen Kuhle" unternehmen (s. Tour 8).

2. Tag
Von Salem nach Zarrentin (20 km)

Am nächsten Morgen geht man bis zum Fuchsbau zwischen Pipersee und Puhlsee auf demselben Wanderweg zurück. Am Südufer des Puhlsees führt der Weg auf den Seedorfer Werder (s. Tour 9). Hier gibt es sehr seltene Tiere, so daß ein Teil des Werders gesperrt ist (Sperrschild: roter Diagonalstrich durch grüne Baumgruppe). Man kann aber auch genug von den öffentlichen Wegen aus sehen. Vom Steilufer aus hat man einen wunderbaren Blick auf die vielen Buchten und den Zecherer Werder mit der Teufelsbrücke. Hinter der Kirche hält man sich immer in Seenähe und gelangt am Priestersee über den Ortsteil Zuckerhut und am Küchensee entlang nach Groß Zecher.

Halbzeit, da bietet sich eine Mittagspause in der „Maräne“ an, wo man zur entsprechenden Jahreszeit den gleichnamigen Fisch oder auch andere frisch aus dem See genießen kann. Oder hätten Sie lieber selbstgebackenen Kuchen und Kaffee in der gemütlichen „Kutscherscheune“ am Herrenhaus direkt mit Seeblick?

Kurz hinter der Lindenallee biegt man von der Hauptstraße nach Klein Zecher ab. Dieser Weg ist etwas länger, aber viel reizvoller als die Hauptstraße. Kaffee und Kuchen gibt es auch hier. Die „Alte Schule“ lädt zur Rast ein. Zwischen Klein Zecher und Zarrentin quert man den ehemaligen Grenzstreifen, den „Todesstreifen“ zur DDR. Nichts zeugt mehr von den unüberwindbaren Zäunen und Barrieren, die diese Landschaft trennten. Auch die offengehaltenen Sicht- und Schießräume sind lange wieder zugewachsen. Durch die Hauptstraße des kleinen Städtchens gelangt man zum „Kaffee Wohler“ auf der linken Seite. Für Wanderer, die noch nicht müde sind, bietet sich eine Besichtigung von Kirche und Kloster an (s. Tour 23). Naturkundlich Interessierte können dem „Pahlhuus“ einen Besuch abstatten oder auf sicheren Holzstegen einen Einblick in das Kalkflachmoor mit seinen seltenen Pflanzen und Tieren gewinnen (s. Tour 22). Auf den Bänken an der Seepromenade läßt man den Tag mit Blick auf den Schaalsee ausklingen.

3. Tag
Von Zarrentin nach Lassahn (15 km)

Diese Wanderung ist etwas kürzer als die am Vortag, so daß sich die Besichtigung von „Pahlhuus“ und Kalkflachmoor vor der eigentlichen Wanderung einschieben ließe.

Hinter dem Moor wandert man rechts am Schaalseeufer entlang bis an die Schaale, ein kleines Flüßchen, das im Schaalsee entspringt und über die Sude in die Elbe fließt. Dieses Flüßchen war noch bis ins 19. Jh. ein wichtiger alternativer Transportweg (die sog. Schaalfahrt) für Salz aus Lüneburg, um die hohen Zölle Lübecks zu umgehen. Aber auch viele andere Güter wurden hier auf dem Wasserweg transportiert. Am Ende wurde fast nur noch Holz für die Saline in Lüneburg geflößt, ganze Landstriche holzte man für die Salzgewinnung ab. Links geht eine Brücke über die Schaale, der man

Das Pahlhuus

durch den Wald in Richtung Schaliß folgt. Kurz vor dem Ort gibt es einen wunderschönen Blick über den See auf Kloster und Kirche. Rechts folgt man der Ausschilderung nach Boissow und gelangt am Ostufer des gleichnamigen Sees entlang zur Hauptstraße nach Lassahn, die gequert wird. Rechts und links begleiten einen die typischen artenreichen, bunten Knicks der Techiner Heckenlandschaft, meistens als Redder (Doppelknicks) gepflanzt. Am Techiner See, Borgsee und Lassahner See, oft direkt am Ufer auf den alten Kolonnenwegen entlang, gelangt man zum Dorf Lassahn. Es ist ein typisches Straßendorf.

Ein besonders schöner Ausblick auf den Schaalsee entschädigt für den Anstieg durch den Hohlweg zur Kirche. Auf einer Streuobstwiese wachsen Obstbäume mit alten Apfelsorten, hier finden Höhlenbrüter gute Brutmöglichkeiten. Bevor man zur Gaststätte „Schaalseetreff“ kommt, sollte der Friedhof und die kleine Fachwerkkirche besucht werden. Sie ist nach dem römischen Märtyrer Abundius benannt. Der ältere Chorteil der Kirche (13.–14. Jh.) besteht aus Feldsteinmauerwerk, der Fachwerkturm ist jünger. Der Stein vor der Kirche hat eine bemerkenswerte Inschrift. Er ist zum Gedenken der Toten des Zweiten Weltkriegs errichtet, bezieht aber die der gesamten Hitlerzeit mit ein.

4. Tag
Von Lassahn nach Roggendorf (15 km)

Um nach Roggendorf zurückzugelangen, biegt man hinter dem Dorf Lassahn links nach Hakendorf ab. Hier hat man wieder einen besonderen Ausblick auf den nördlichen Schaalsee über die kaum aus den Wellen herausragende Rethwiese, an der Teufelsbrücke vorbei bis zum Seedorfer Werder. Da man bei Hakendorf an die Kernzone 1 des Biosphärenreservats kommt (d.h., dieses Gebiet ist für den Menschen tabu), geht es rechts zur Hauptstraße zurück bis nach Kneese. Eine kleine, unscheinbare Brücke führt über die Bek, hier biegt man links ab zum Niendorfer Binnensee und wandert auf dem ehemaligen „Kolonnenweg“ nach Dutzow. Rechts in den Feuchtwiesen fällt der 43 m hohe Weberberg auf, eine mittelalterliche Burganlage mit einem Ringwall von 40 m Durchmesser. Diese imposante Befestigungsanlage muß man aus der Geschichte verstehen, stießen hier doch die Herrschaftsbereiche der frühen deutschen Ritter oder Lehnsleute und der heidnischen Slawen aus dem Osten zusammen (s. Tour 25). Der Kolonnenweg selbst ist wenig bewachsen. Auf den sandigen bis kiesigen Böden finden wir eine seltene Magerrasenvegetation mit vielen ausgesprochenen Spezialisten sowohl in der Pflanzen- als auch in der Tierwelt. Man muß nur mit offenen Augen durch diese karge Landschaft wandern. Wem es heiß ist, der kann ein Bad im Dutzower See nehmen. Hier gibt es eine öffentliche Badestelle. Von Dutzow geht es durch die hügelige Feldmark über Marienthal nach Roggendorf zurück. Im Landhotel „Hänsel“ werden Sie dann schon erwartet.

Tour 3
Der alte Frachtweg – vergessen und wiederentdeckt

Sicherlich hätte hier als Überschrift auch „Die alte Salzstraße" stehen können, doch dieser Begriff ist bereits für die berühmtere Schwester vergeben, die für touristische Attraktionen weiter westlich als Namenspatronin herhalten muß. Diese auch im Mittelalter weniger genutzte Straße war durch die innerdeutsche Grenze, die sie kreuzt, in Vergessenheit geraten. Sie hat aber einen unschätzbaren Vorteil gegenüber ihrer berühmten Schwester: Sie ist fast komplett in ihrem ursprünglichen Lauf erhalten und nicht im Wege- und Straßennetz aufgegangen und führt schnurgerade durch Wälder und Wiesen. So kann man auf mittelalterlichen Pfaden meistens auf festen Sandwegen mit dem Fahrrad Geschichte „erfahren". (Wo die Wege schwieriger sind, ist eine Alternativstrecke angegeben.) Da dieser Weg nicht gekennzeichnet ist, sollte man auf jeden Fall eine Karte dabeihaben.

Anfahrt nach Boizenburg
Zug **Boizenburg Bahnhof, Strecke Hamburg-Schwerin**
Pkw **A 24 Abfahrt Zarrentin / Boizenburg, B5 ***
Fahrstrecke und Profil
etwa 50 km, geringe Steigungen nördlich von Mölln
Orientierung
Landkarte (s. Impressum: Kartenempfehlung)
Rast **am Wegrand – keine Einkehrmöglichkeit auf der Strecke**

*** für den Rückweg bietet sich der Zug Ratzeburg-Büchen, Büchen-Boizenburg an. Man kann aber auch das Auto in Büchen stehenlassen und morgens mit dem Zug nach Boizenburg fahren.**

Wie damals die Ochsenkarren wird im Hafen von Boizenburg gestartet. Statt der Salzfässer sollte man Trinkwasserflaschen, Picknickbrote und sicherheitshalber eine Regen-

Grenzheide bei Leisterförde

jacke und Reifenflickzeug geladen haben, denn es geht für etwa 50 km durch recht einsame Landstriche, was aber gerade den Reiz des Weges ausmacht.

Vom Hafen folgt man kurz dem Schwanheider Weg, biegt in die Schwartower Straße ein und muß nun den Anstieg von der Elbniederung herauf bewältigen. Früher werden sich die Ochsenkarren kaum im Schrittempo hier herauf gequält haben.

Die Straße beschreibt einen Bogen und wendet sich dann geradewegs nach Norden. Schräg zerschneidet die Bahnlinie Hamburg–Berlin den alten Frachtweg. Nach der Querung geht es links nach Metlitzhof, die Straße nach Schwartow bleibt rechts liegen.

Die asphaltierte Straße folgt der Trassenführung des alten Frachtwegs bis Metlitzhof. Man folgt der schnurgeraden Streckenführung nach Norden, die durch eine Reihe von Alleebäumen gekennzeichnet ist. Der Untergrund wechselt von Asphalt auf festen Sand und z.T. Splitt. In Heidekrug kreuzt man die Straße Schwanheide-Gresse. Mitten auf dem Frachtweg steht ein Stallgebäude, das umfahren werden muß, aber gleich dahinter geht der Weg weiter. Hier kann man noch eine Kleinigkeit essen und trinken, bevor die „Wildnis“ beginnt.

In dieser trockenen Region ist der Sand teilweise etwas lose. Was müssen hier früher die Ochsentreiber geflucht haben, wenn die eisenbeschlagenen Räder der Salzkarren tief eingesunken sind und sie selber in die Speichen greifen mußten, um die Fuhre voranzubringen. Heute fluchen hier die Radfahrer, wenn sie ab und zu absteigen müssen.

Nach etwa 3 km ist die Straße Schwanheide-Leisterförde erreicht. Geradeaus kann man noch eine Strecke auf befestigten Wegen fahren, bis sie sich im Bereich der ehemaligen innerdeutschen Grenze verlieren. Hier haben die Grenzanlagen mit Zäunen, Minenfeldern und Stacheldraht den Weg bis zur Unkenntlichkeit zerstört. Die Grenze ist inzwischen verschwunden, der Weg ist aber nicht wiedererrichtet worden. Nur mit kriminalistischem Geschick und einem kleinen Schlenker über den Mühlenbach und unter den alten Eichen des ehemaligen Ortsteils Wendisch Lieps entlang findet man seinen Verlauf und den Anschluß auf schleswig-holsteinischem Gebiet. Auch dort im Kiefernwald ist der Weg unwegsam und durch Holztransporte tief ausgefahren, also nur für „Extremradler“ und Anhänger einer „reinen Lehre“ vom alten Frachtweg geeignet. Komfortbewußte Radler folgen besser der wenig befahrenen Straße nach Leisterförde. Von hier geht es über Fortkrug und Langenlehsten parallel zum alten Frachtweg. In Besenthal treffen beide Strecken wieder aufeinander. Man fährt geradeaus auf der Landstraße nach Sarnekow/Wasserkrug, wo die Straße Büchen-Gudow gequert wird. An der nächsten Wegegabelung geht es rechts über den Hellbach weiter, der Sarnekower See blitzt schon durch die Bäume. Geradeaus fährt man über den breiten Sandweg. Die erste Abbiegung links führt in das Hellbachtal (s. Tour 15). Der Weg wendet sich einen kleinen Hügel hinauf nach links, von rechts kommt ein Weg von Gudow dazu. Die vielen Wege lassen eine bedeutende Raststation vermuten, wie auch der Name Wasserkrug andeutet. Sollte jemanden der Hunger plagen, kann man einen Abstecher nach Gudow in ca. 1 km Entfernung einplanen. Der erste Gasthof liegt gleich am Dorfeingang.

Weiter nach Norden folgt man dem alten Frachtweg, der hier durch lockeren Wald und an Feldrändern entlangführt. Diese Felder sind oft ungenutzt, sie liegen brach. Für einen Besuch des Ameisenlehrpfads sollte sich etwas Zeit genommen werden (siehe Ausschilderung). Nun wird die Straße Lehmrade-Mölln gekreuzt. Die Streckenführung ist nicht zu verfehlen, es geht immer geradeaus. Nach der Straßenkreuzung Mölln-Sterley kann man rechts zum Pinnsee abbiegen und ein kühles Bad genießen (s. Tour 11). Das Gelände wird hügeliger. Bis hierher reichten die Gletscher der letzten Eiszeit. Sand und Steine wurden vor dem Eis hergeschoben und als Endmoräne in mehreren Staffeln abgelagert. Man erkennt, daß der Weg für den Transport von schweren Lasten ausgebaut wurde, denn die Wege in den Tälern sind mit Dämmen aufgeschüttet worden oder schneiden sich tief in die Hügel ein. Schwerbeladen konnten die Ochsenkarren keine so extremen Steigungen bewältigen, aber auch so kann man sich noch das Ächzen der Karren und das Fluchen der Treiber vorstellen. In Fredeburg

Im Forst Farchau

ist der Frachtweg zu Ende. Das letzte Stück bis Lübeck geht im Straßennetz auf, es gibt aber einen Radweg entlang der Straße. Hier kann man hinter Fredeburg rechts nach Ratzeburg abfahren und mit der Eisenbahn zum Ausgangspunkt zurückkehren.

Der Naturpark Lauenburgische Seen

Das Herzogtum Lauenburg, im 12. und 13. Jh. entstanden, ist ein politisches Gebilde mit sehr langer Tradition.

Die Vielfalt seiner Naturräume stellt eine abwechslungsreiche Bilderbuchlandschaft dar mit harmonisch gewachsenen Dörfern und Städten. Durch die Grenzlage hat sich hier kaum Industrie entwickeln können, eine heile Landschaft mit zahlreichen Seen und Wäldern blieb erhalten. So wurde hier 1960 der Naturpark Lauenburgische Seen als erster dieser Art in Schleswig-Holstein gegründet. Östlich des Elbe-Lübeck-Kanals, von der Lübecker Stadtgrenze bis in den Büchener Raum, stehen mit dem Naturerholungsgebiet „Hohes Elbufer" im Süden etwa 2/3 des Kreises unter speziellem Schutz. Er kommt Pflanzen und Tieren zugute, schließt aber den Menschen nicht aus. Im Gegenteil – mit Hotels und Gaststätten, Campingplätzen und vielseitigen Freizeitangeboten wird der „sanfte Tourismus" gefördert.

Besonders Naturfreunde kommen im Naturpark auf ihre Kosten, denn seltene Tierarten lassen sich hier noch beobachten. Erstaunlicher Artenreichtum findet sich auch in der Pflanzenwelt. Waldlehrpfade, Wildgehege, -parks und andere Naturerlebnisräume gewähren mit ihren anschaulichen Beschreibungen Einblicke in das Tier- und Pflanzenleben, den Wald und Zusammenhänge in der Natur.

In vielen Kiesgruben findet man Fossilien vom Seeigel bis zum versteinerten Holz. Mehrere Walskelette aus den Pampauer Gruben sind im Lübecker Naturkundemuseum am Dom ausgestellt.

Auch Sport wird hier großgeschrieben. Als Segler oder Surfer auf den Ratzeburger Seen, im Ruder- oder Paddelboot, mit dem Kanu zwischen Pipersee und Ratzeburger Küchensee oder auch auf dem Pferderücken auf extra eingerichteten Reitwegen kann man den Naturpark erforschen. Unternehmer bieten auf den Ratzeburger und Möllner Seen und der Elbe dem eher passiven „Sportler" Wassergefühl und Freizeitvergnügen mit ihrer Personenschiffahrt.

Besonders viel wird auch für Radfahrer getan. Dreißig ausgeschilderte Rundtouren von unterschiedlicher Länge lassen keinen Wunsch offen. Auch Golf, Wandern ohne Gepäck und viele kreative Kurse werden von verschiedenen Veranstaltern für Gäste im Naturpark Lauenburgische Seen angeboten.

Kulinarische Genüsse bieten die verschiedenen Gaststätten und Restaurants u.a mit dem Lauenburg'schen Teller, dem Ergebnis eines Gastronomenwettbewerbs. Landestypische Gerichte, besonders Fisch, empfehlen sich hier zu einem attraktiven Preis.

Das Standbild Heinrichs des Löwen vor dem Ratzeburger Dom

Rund um Ratzeburg

Mit den großen Seen um die Stadt, der offenen, kuppigen Grundmoränenlandschaft im Norden und den großen Wäldern im Süden übt das Ratzeburger Wandergebiet eine große Anziehungskraft aus. Wiesen und Weiden reichen bis an den Schilfgürtel am Wasser, im Mai leuchtet das Gelb der Rapsfelder weit über das Land, unterbrochen nur vom grünen Netz der vielfältigen Knicklandschaft.

Der landwirtschaftlich intensiver genutzten Grundmoränenlandschaft stehen im Süden auf den höheren Endmoränenhügeln große Buchenwälder gegenüber. Hier wachsen im Frühjahr Anemonen in Teppichen unter den Bäumen, im Sommer ist es angenehm schattig. Ein idealer Aufenthaltsort für Menschen, die Freude an Natur, Wald und Wasser haben.

Die über 900jährige Geschichte der Stadt Ratzeburg begann mit der Gründung eines Wendenbistums und der ersten Burg auf einer Insel im großen See. Heute ist die Stadt, die etwas abgelegen von den großen Verkehrsachsen liegt, Sitz der Verwaltung des Kreises, ein beschauliches Beamtenstädtchen mit dem Charme seiner anmutigen Häuser im Zentrum und dem aus allen Himmelsrichtungen sichtbaren mächtigen Dom.

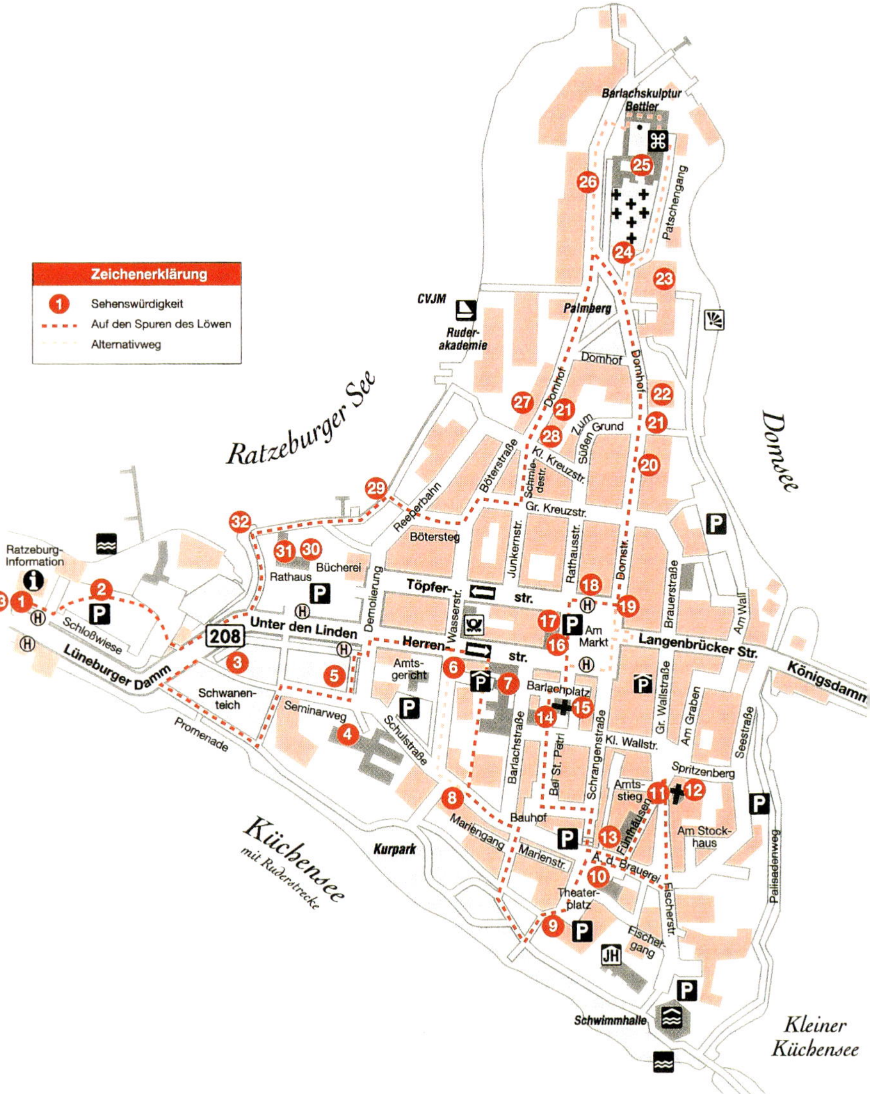

Ratzeburger „Stadt-Wanderweg“ auf den Fußstapfen Heinrichs des Löwen

Tour 4
Ratzeburg – Inselstadt mit Charme

Anfahrt
Bahn Lübeck-Lüneburg
Bus Linienbusse Lübeck-Lüneburg
Pkw über B 207 und B 208 zum P am Markt und Nebenstraßen, Unter den Linden und am Lüneburger Damm
Schiff Ausflugsverkehr von Lübeck über Rothenhusen
Ausgangspunkt
Lüneburger Damm
Wegstrecke
ca. 3 km/1,5 Stunden
Orientierung
Stadtplan siehe linke Seite
Rast/Einkehr
viele Möglichkeiten im Stadtgebiet

Der große Vorzug von Ratzeburgs Altstadt ist seine einzigartige Lage auf einer Insel inmitten von 4 Seen, abseits der Hauptverkehrswege. Der 12 km lange Ratzeburger See, Küchensee, Stadtsee und Domsee bieten reichlich Gelegenheit, von der Hetze des Alltags zu entspannen und sich zu erholen. Folgen Sie den Spuren des Löwen (Originaltatzenabdruck von Heinrichs Löwen vor dem Dom), und entdecken Sie den Charme der Inselstadt Ratzeburg. Informationsmaterial bekommen Sie bei der Ratzeburg-Info, Informationstafeln gibt es an den geschichtlichen Stätten.

1 Man startet an der Ratzeburg-Info, direkt am Großen Ratzeburger See.

2 Auf dem Parkplatz am Schwimmbad ist das Fundament des Schloßturms zu sehen. Schloß und Stadt wurden 1693 von den Dänen dem Erdboden gleichgemacht.

3 Über die Brücke am Schwanenteich kommt man auf die Insel. Man folgt ein Stück der Promenade. Links steht das Lauenburger Pferd, eine Skulptur des Bildhauers Karlheinz Goedtke, Hommage an das Wappentier des Kreises. Gleich dahinter befindet sich die

4 Ernst-Barlach-Realschule

5 Reste der Kasematten (schußsichere Unterkunfts- und Vorratsräume der Befestigungsanlage) sind an der Demolierung zu finden, hier endete die Stadt, die mit einer Mauer gesichert war. Durch das Zerstören dieser Mauern konnte die Stadt wachsen, ein positiver Aspekt der Kriegsauseinandersetzungen mit den Dänen.

6 Am Katasteramt biegt man rechts

7 am Kreisverwaltungsgebäude vorbei in die Schulstraße ein.

8 Die liebevoll restaurierten Bürgerhäuser mit bunten Fenstern und Türen und den Rosenstöcken stammen schon aus dem 19. Jh.

9 Rechts liegt der Kleinbahndamm am Küchensee. Hier steht das „Hotel Seegarten“, früher der Bahnhof für die Kleinbahn, die von Ratzeburg nach Groß Thurow (Mecklenburg) führte. Sie wurde 1908 fertiggestellt Am Küchensee wurde früher geangelt und gefischt, was die herzogliche Küche brauch-

te (Name). Heute werden auf diesem ruhigen See die berühmten Ratzeburger Ruderregatten ausgetragen. Der ehemalige Sportlehrer und erfolgreiche Rudertrainer Karl Adam trainierte bis 1976 den Deutschlandachter, der unter seiner Leitung 2 Goldmedaillen bei Olympischen Spielen errang.

10 Im Burgtheater am Theaterplatz gibt es die neuesten Filme.

11 Von solchen Pumpen gab es mehrere in der Stadt, bevor die zentrale Wasserversorgung ihren Einzug hielt.

12 Nachdem man die katholische St. Answer Kirche und

13 den Landmann vor dem Amt Ratzeburg Land besichtigt hat,

14 biegt man rechts in die Schrangenstraße ein, dann links in die Straße „Bei St. Petri“. Hier liegt das Alte Vaterhaus, in dem Ernst Barlach einen Teil seiner Kindheit verbrachte. Heute ist es Museum und zeigt einige Plastiken des expressionistischen Künstlers, graphische Blätter wie Lithographien und Holzschnitte und Teile seines literarischen Werks.

15 Die St. Petrikirche am Markt, um 1250 zum ersten Mal erbaut, ist die eigentliche Stadtkirche (der Dom war Klosterkirche). Der Bau ist in der seltenen Form einer Querhallenkirche erstellt (Altar längsseitig). Bei der Belagerung durch die Dänen 1693 wurden Stadt und Kirche zu einem großen Teil zerstört, aber 1790 baute man St. Petri wieder auf den alten Fundamenten auf. Die Granitquader und fünf Reihen ursprünglicher Ziegel im Klosterformat erinnern noch an die ursprüngliche Kirche.

16, 17, 18 Das Ensemble: Die Alte Wache, das Alte Kreishaus und das Alte Rathaus liegen Am Markt. Die Alte Wache wurde 1728 erbaut, sie erinnert an die Zeit, als Ratzeburg Garnisonsstadt war. Im Kreishaus, etwa zur gleichen Zeit erbaut, tagten die Hannoveraner, denn zu der Zeit gab es in Ratzeburg zwei Herzogssitze. Bis 1988 wurde im Alten Rathaus getagt, dann zog man in die ehemalige Gelehrtenschule um (s.u.).

19 Auch der Taschenmann am Gebäude der Kreissparkasse wurde von Karlheinz Goedtke geschaffen. Geradeaus geht es in die Domstraße direkt auf den mittelalterlichen Dom zu.

20 Im Theodor Körner Haus am Weg zum Dom hat sich der deutsche Dichter nur kurz aufgehalten.

21 Grenzsteine im Straßenpflaster weisen auf die ehemalige Zugehörigkeit zu Mecklenburg hin. Hier war Schleswig-Holstein zu Ende.

22 Das A.-Paul-Weber Haus beherbergt die größte Sammlung dieses zeitkritischen Lithographen. Jährlich werden wechselnde Ausstellungen auch anderer kritischer Künstler veranstaltet. Die „Bühne im Museum“ und Lithographiekurse erweitern das Programm.

23 Das Herrenhaus am Domhof (1764-66 erbaut), heute Kreismuseum, war als Sommerresidenz für Adolf Friedrich IV. von Mecklenburg-Strelitz geplant. (Fritz Reuter hat ihm als „Dörchleuchting“ ein literarisches Denkmal

Ratzeburg aus der Luft

gesetzt.) Der Rokokosaal mit Stuckdekoration wird heute für musikalische Veranstaltungen und Vorträge genutzt. Der Stinkbüdelsgang ist der Weg hinunter zum Domsee, hier entleerten früher die Dienstboten morgens die Nachttöpfe ihrer Herrschaften.

24, 25, 26 Das Ensemble des Ratzeburger Doms mit Löwenskulptur, Dom mit Kreuzgang, Kloster und Innenhof und dem Steintor.

Der Ratzeburger Dom, von 1154 an unter Heinrich dem Löwen als Bischofskirche errichtet, ist eines der bedeutendsten Backsteinbauwerke Norddeutschlands und der einzige, der noch in seiner spätromanischen Form erhalten ist. Die dreischiffige Pfeilerbasilika mit Querhaus und Apsis wurde 1966 restauriert und das ursprüngliche Backsteinmauerwerk freigelegt. Es spiegelt in den unterschiedlichen Farben die Vielfalt der eiszeitlichen Geschiebelehme aus unterschiedlichen Ziegeleien wider. Neben 25 Bischöfen wurden hier auch die Gebeine des Heiligen Ansverus, der beim großen Wendenaufstand 1066 mit 18 Klosterbrüdern gesteinigt wurde, beigesetzt (s. Tour 6).

Unter den Ausstattungsgegenständen gibt es viele Kostbarkeiten wie das alte Chorgestühl (um 1220) mit ornamentalen Schnitzereien oder das Triumphkreuz aus spätromanischer Zeit (um 1260). Ein Kreuzgang verbindet den Dom mit dem Kloster, dessen Mönche bis 1450 in Abgeschiedenheit lebten. Im Klosterinnenhof kann man die Figur Der Bettler von Ernst Barlach bewundern.

27 Das Haus Mecklenburg, eine ehemalige Kaserne, ist heute Museum für Mecklenburgische Landesgeschichte. Im Kopfsteinpflaster vor dem Haus liegt ein großer Pflasterstein mit Kreuz, auch er ist ein ehemaliger Grenzstein zwischen Schleswig-Holstein und Mecklenburg. Dem Haus gegenüber befindet sich der

28 Heinrichstein (mit lateinischer Inschrift) zur Erinnerung an das Wirken von Heinrich von Bodewide, dem Lehnsmann Heinrichs des Löwen. Durch die Böterstraße und die Reeperbahn geht es hinunter zum Großen Ratzeburger See. Die Namen verraten viel vom alten Handwerkertum der Stadt. Um 1650 brauchte man viele Fässer, um das Bier der etwa 70 Brauereien über den See und die Wakenitz nach Lübeck zu transportieren. Die Handwerkerzunft der Böttcher stellte diese Fässer her. Jede Stadt am Wasser braucht Seile (niederdeutsch Reep). Die traditionelle Seilherstellung erfolgte auf der Seilerbahn (Reeperbahn), einer geraden Strecke oder Straße, wo die Fasern von den Seilern, den sog. Reepschlägern, aufgespannt und zusammengedreht wurden.

30, 31 Über dem Portal des Rathauses zeigt die Inschrift Doctrinae, Sapientiae, Pietati (der Gelehrsamkeit, der Weisheit, der Frömmigkeit), daß dieses Gebäude einmal einem anderen Zweck diente. Bis 1962 war hier die Lauenburgische Gelehrtenschule, die aus der alten Domschule von Ratzeburg hervorgegangen ist. Die ehemalige Turnhalle ist heute Bücherei.

32 Der Barlachblick am Südufer des Großen Ratzeburger Sees lädt zum Verweilen ein. Man hat einen schönen Rundblick auf den Dom und die Ruderakademie rechts, den See und die neue Gelehrtenschule am Berg. Nur durch einen schmalen Durchstich getrennt, liegt links die schon oft gemalte romantische Alte Fischerei, Spezialität: geräucherte Maräne.

33 Von hier aus geht es zur Ratzeburg-Info zurück.

Kulturgeschichte

Um 1000 n. Chr. lebten die Polaben, ein slawischer Stamm, im Ratzeburger Raum. Ihr Fürst Ratibor (genannt „Ratse") baute sich auf einer Insel im Ratzeburger See eine Burg, geschützt durch eine Ringwallanlage. Von ihm läßt sich der Name Ratzeburg (= die Burg des Fürsten Ratse) herleiten. Der christliche Slawenfürst Gottschalk gründete 1060 das Bistum Ratzeburg. Auf dem St. Georgsberg, am Ufer des Sees, wurden eine Kirche und ein Benediktinerkloster errichtet, aber schon 1066 töteten heidnische Slawen den Abt Ansverus und seine Gefolgsleute (s. Tour 6). Erst Heinrich der Löwe brachte etwa 100 Jahre später mit seinem Lehnsmann Heinrich von Bodewide eine neue Ordnung in das Land. Die deutsche Besiedelung, hauptsächlich mit Westfalen, wurde eingeleitet, erste Steinhäuser errichtet, auf der Nachbarinsel erfolgte die Grundsteinlegung des Ratzeburger Doms, der bis 1945 und jetzt wieder zu Mecklenburg gehört. Nach dem Sturz Heinrichs des Löwen fiel das Gebiet an die Lauenburgischen Askanier. Burg und Dom zogen Handwerker und Händler an, eine Stadt entstand, die 1261 das Stadtrecht bekam. Schon 1260 wurden der Lüneburger Damm mit einer Klappbrücke zwischen dem St. Georgsberg und der Schloßwiese geschüttet und eine Brücke von der Stadtinsel zum Gut Dermin, der heutigen Vorstadt, gebaut. Ratzeburg lag abseits der großen Handelswege, konnte sich dadurch seine Unab-hängigkeit von Lübeck bewahren und entwickelte sich im Mittelalter zur größten Stadt des Herzogtums. Nachdem die Askanier 1689 ausgestorben waren, zogen die Herzöge von Lüneburg-Celle, Braunschweig und Hannover ein und befestigten die Stadt. Die Burg mußte Festungsanlagen und Militärbauten weichen, Geschützstellungen, Wälle und Palisaden wurden errichtet. Dadurch fühlten sich die Dänen, die das benachbarte Holstein besetzt hielten, bedroht, griffen Ratzeburg 1693 an und machten es bis auf den Dom und wenige Bürgerhäuser dem Erdboden gleich. Alle Befestigungsanlagen mußten geschleift werden. Eine Karte von 1703 zeigt schon das systematisch angelegte Straßennetz um einen zentralen Marktplatz. Da der Neuaufbau Anfang des 18. Jh. durch die bescheidenen Mittel der Bürger erfolgte und Ratzeburg auch nie eine bedeutende Handelsstadt war, gibt es kaum noch Häuser aus diesem Zeitraum.

Touristen-Info
Info-Zentrum
Info-Tafel
Gaststätte
Jugendherberge
Campingplatz
Ausflugsschiff
Hallenbad / Badestelle
Kirche / Friedhof
Museum
kulturhist. Bauwerk
Denkmal
Turm / Aussichtsturm
Aussichtspunkt
Turmhügel
sehensw. Baum
Naturschutzgebiet
sonstiger Wanderweg
Wanderwegmarkierungen
1 km
NSG Ostufer Ratzeburger See
Seebruch
Buchholz
Schulw.
Reetkate
Ratzeburger See
Kalkhütte
Steinort
Ansveruskreuz
Am Barteisbusch
Hauptstr.
Reethäuser
Einhaus
Römnitz
Dorfstr.
Bäk
Ratzeburger Str.
Alte Nerzfarm
Mühlenw.
Lübecker Str.
13 m
Dom
Dom-see
Bäker Weg
207
Dorfstr.
Harmsdorf
Giesensd. Str.
St. Georgsberg
Bahnhofsallee
Bahnhof
Neu-vorwerk
Mechower Str.
Below-Kaserne
Kl. Küchen-see
RATZEBURG
Vorstadt
Schweriner Str.
Postweg
Alter
Barken-kamp
Möllner Str.
Küchensee
Krankenhaus
Dermin
Farchauer Ende
„Steinerner Tisch“
Schmilauer Str.
Seedorfer Str.
Salemer Weg
Storchennest
Revierförsterei Ravenskamp
Dunkel-steig
mittelalterl. Landwehr
Kraftwerk
Schloss
Waldlehrpfad
Farchau
Schwarzwild-gehege
Naturparkverwaltung Kreisforstamt
Farchauer Mühle
Fredeburg
Farchauer Weg
Wisentgehege
Kuhteichs-holz
Jutebek

Tour 5
Der Küchensee – mehr als eine internationale Ruderstrecke

Anfahrt s. Tour 4
Wanderstrecke und Profil
ca. 7 km/gut 2 Stunden, geringe Höhenunterschiede
Orientierung
geschnitztes Holzschild „Rundweg Küchensee", Ostufer zusätzlich X = Europawanderweg
Ausgangspunkt
P „Unter den Linden"
Rast mehrere Bänke am See, Einkehr: Gaststätten in Ratzeburg und Farchauer Mühle

Wenn man seinen Ferienaufenthalt in Ratzeburg gewählt hat, bietet sich der Küchensee als „Haus- und Hofsee" der Stadt geradezu an. Er hat genau die richtige Größe für einen Nachmittagsspaziergang, man benötigt keine besondere Anfahrt, sondern geht direkt von Hotel oder Pension los. Auf halber Strecke gibt es eine gemütliche Einkehrmöglichkeit in der Farchauer Mühle. Auch an einem heißen Sommertag bietet der Erlenbruchwald am See genügend Schatten und Luftfeuchtigkeit.

Vom Parkplatz Unter den Linden geht es an der Gaststätte Hubertus am See vorbei an den Küchensee. Der Weg führt links durch den gepflegten Kurpark immer am Seeufer entlang.

Wen das Freibad hier nicht lockt, der kann im Aqua Siwa, dem Ratzeburger Hallenbad, gewärmtes Wasser genießen.

Der künstlich aufgeschüttete Kleinbahndamm trennt den Stadtsee vom Küchensee, er endet mit einer Holzpforte im Dunkel einer Waldschlucht. Rechts geht es weiter, das geschnitzte Holzschild Rundweg Küchensee begleitet den Spaziergänger bei jeder Wegänderung, so daß man sich nicht verlaufen kann, außerdem helfen die X des Europawanderwegs an den Bäumen des Ostufers.

Uralte Buchen recken ihre gewaltigen Äste über den schattigen Weg. In einigen von ihnen haben sich schon die Franzosen Anfang des letzten Jahrhunderts verewigt, als sie das Land besetzt hielten. Die Verteidigungslinien liefen hier vom Süden über Mölln am Steilhang des Sees bis zur Ostsee. Erlenbrüche, kleine Quellen und Bäche wechseln sich zum Seeufer hin ab, so sieht ein naturnaher Wald aus.

In Waldesruh auf der Höhe mit Blick über den See hatte schon der Generalfeldmarschall Graf von Moltke seinen Lieblingsplatz, wie ein Stein am Wegrand andeutet. Man kann hier links abbiegen und den Waldlehrpfad ansehen, ehe man auf dem Hauptweg weitergeht. Ein paar 100 m weiter summt und saust es im Wald, das Geräusch ist kaum zu beschreiben. Es stammt von einem Elektrizitätswerk, das, den Höhenunterschied zwischen Schaalsee und Küchensee (32 m) nutzend, am Ende des extra dafür gebauten Schaalseekanals liegt. Eine Holzbrücke führt

Der Ratzeburger Dom, Blick über den Domsee

über das rasch fließende Wasser zur Farchauer Mühle. Man sieht den Mühlenteich, in dem das Quellwasser der Hänge gesammelt wurde, um die Räder dieser ehemaligen Graupenmühle anzutreiben. Sie war lange Tanzlokal mit Dampferzubringer, etwas alt und heruntergekommen. Seit 1993 sind die Gebäude renoviert oder neu aufgebaut und bieten modernen Komfort im Hotelbereich und regionale Spezialitäten, besonders Fischgerichte, im Restaurant.

Am Südufer liegt eine weitere Mühle, wie der große Mühlenteich mit den Entenhäusern verrät. Das Wasser rauscht aber ohne Mühlrad in den tiefer gelegenen Küchensee. Daß es einmal eine Papiermühle war, zeigen die beiden Wasserzeichen (Lilie und Blumenstrauß) an der Hauswand, heute kann man hier Ferienwohnungen mieten.

Links, auf einem nach Norden vorspringenden Plateau, liegt der Burgwall Farchau aus dem 12. Jh., ursprünglich eine Befestigungsanlage der Slawen (älteste Funde datieren auf 800 n. Chr.), später als Burg der Ratzeburger Bischöfe bis ins 14. Jh. genutzt. Auf der etwa 60 x 40 m großen Fläche zwischen den Wällen muß man sich einen Wirtschaftshof mit einem festen Haus vorstellen. Die Ziegel im Klosterformat wurden für den neuen Bischofssitz am Dom abgetragen und wieder benutzt.

Auf der Liegewiese an der Badestelle darf man nach vorheriger Anmeldung im Forsthaus ein Lagerfeuer machen oder grillen, der Blick auf den See ist von hier aus einzigartig.

Zwischen Häusern und Seegrundstücken geht es zur Stadt zurück. Links am Berg liegt St. Georg. Nicht nur die alte Kirche ist sehenswert, auch die Ausblicke vom Friedhof lohnen den steilen Aufstieg auf schmalen Kopfsteinpflasterwegen. Die Kastanienallee führt an Minigolfplatz und Ruderclub vorbei. Über die Straße gelangt man zur Schloßwiese, an der Ratzeburg Info und die „Fischerei Ratzeburg“ mit geräucherten Delikatessen liegen. Man kann hier auch baden und bei Pelz das beste Eis der Gegend genießen.

Pflanzenkunde Große Winterschachtelhalmbestände begleiten den Spaziergänger am Ostufer des Sees. Diese Art ist recht selten und liebt nährstoffreiche Böden über Quellhorizonten, besonders an Hängen; davon gibt es hier genug.

Erdgeschichte Zungenbecken s. Tour 7
Tierleben s. Einführung

Tour 6
„bike and ship" am Großen Ratzeburger See

Anfahrt
siehe Tour 4
P Lüneburger Damm
Ratzeburg Info

Fahrstrecke und Profil
22 km/ca. 2 Stunden; einige Steigungen, Gangschaltung wäre nützlich

Orientierung Radweg Nr. 7

Rast Hänge am Seeufer (Ausblick)
Einkehr: Gaststätten in verschiedenen Orten an der Strecke

Die Inselstadt Ratzeburg ist von der Natur besonders verwöhnt, gleich vier Seen umgeben die Stadt. Der Große Ratzeburger See reicht bis dicht vor die Tore von Lübeck. Die sanften Hügel der Grundmoränenlandschaft in der Umgebung bieten sich geradezu zum Radfahren an. Wer sein eigenes Rad zu Hause gelassen hat, kann sich für diese Tour ein „Paket" (Fahrrad und Schiffskarte) bei der Ratzeburg Info besorgen. Erst kräftig in die Pedale treten, dann gemütlich mit dem Schiff zurück, das ist wohl die logische Reihenfolge.

Ausgangspunkt für diese Tour ist der Parkplatz am Lüneburger Damm bei der Schiffsanlegestelle. Auf der ehemaligen Trasse der Ratzeburger Kleinbahn geht es direkt am Seeufer bis zum Klärwerk. Ein geschnitztes Holzschild zeigt nach rechts: Buchholz 3,8 km. Quellhänge begleiten den Radfahrer rechts und links, Erlenbrüche mit großen Beständen des seltenen Riesenschachtelhalms schränken den Blick auf den See kaum ein, Eisenbakterien färben die Quellen am Hang rostbraun.

Am Ortsausgang führt ein steiler Weg auf die Seitenmoränenhänge des Sees – da muß man wohl schieben. Am Ende der Steigung geht es rechts weiter (Ausschilderung an einer dicken Buche). Der See schimmert noch durch die Bäume. Erst radelt man durch den Buchenhochwald, dann am Bach entlang nach Einhaus, dem schon 1194 erwähnten Dörfchen (ad unam domum = bei einem Hause). Unter der Bahnstrecke Lüneburg–Lübeck geht es durch einen Tunnel und über die B 207 zum Dorfzentrum, einer Ansammlung von Bauernhäusern auf einer Anhöhe. Am Zollhaus mußten die Reisenden das sogenannte Grönauer Wegegeld bezahlen, erst dann durften sie die Heer- und Frachtstraße von Mölln nach Lübeck benutzen.

Von Einhaus führt der Weg auf wenig befahrenen, asphaltierten Wirtschaftswegen durch die anmutige Knicklandschaft der Grundmoräne. Etwa 1 km hinter Einhaus muß man rechts abbiegen, der Knick mit Eichenüberhältern begleitet den Radfahrer wie eine Allee. Nach Klein Disnack geht es den Klosterberg hinauf, Kraft ist hier angesagt. Die schöne Aussicht belohnt aber für alle Anstrengungen. Groß Disnack selbst wird links liegengelassen, es geht weiter nach Klein Sarau. Hinter dem Ortsausgangsschild hält man sich

Grenze des Biosphärenreservats Schaalsee
Grenze des Naturparks Lauenburgische Seen
Naturschutzgebiet (Betreten verboten)
Naturschutzgebiet
1 km
Touristen-Info
Info-Tafel
Rastplatz
Badestelle
Gaststätte
Campingplatz
Ausflugsschiff
Kirche / Friedhof
Museum
kulturhist. Bauwerk
Denkmal
sehensw. Baum
Storchennest
Turm
Aussichtsturm
Aussichtspunkt
sonstiger Wanderweg
Wanderwegmarkierungen
Ziegelhorst
Tüschenbek
Kapelle
Hornstorf
Grönauer Weg
Turmhügel
Spannsee
Rothenhusen
Wakenitz
NSG Kammerbruch
Kammerbruch
Fährhaus
bronzezeitl. Grabhügel
6
207
Schanzenberg
Hellberg 45 m
Hauptstr.
Siedlung Klempau
Sarauer Str.
Viehkamp
NSG Ostufer Ratzeburger See
Klempauer Str.
Groß Sarau
Holstendorfer Weg
Klein Sarau
Utecht
Dorfstr.
Hauptstr.
Ratzeburger See
Aue
Campower Str.
47 m
78 m
Bauernhöfe
Campow
Holstendorf
Eiche
Müssenwiese
Hohe Buch 76 m
Pogeez
NSG Campower Steilufer
Hofanlage
Groß Disnack
Reethof
NSG Steinerne Rinne
Hoheleuchte
Reetkate
NSG Ostufer Ratzeburger See
Klosterberg
Klosterberg 72 m
Buchholz
Seebruch
Schulw.
Wendendamm
Klein Disnack
Reetkate
Kalkhütte
Steinort
Neuhofer Weg
Am Bartelsbusch
Ansveruskreuz
Römnitz
Bäk
Dorfstr.
Hauptstr.
45 m
Reethäuser
Einhaus
Lübecker Str.
208
13 m
Dom
Dorfstr.
207
RATZEBURG
Domsee
Harmsdorf
St. Georgsberg
Bahnhofsallee
Bahnhof

Römnitz

zunächst rechts (Richtung Groß Sarau), biegt aber bald nach links (Richtung Hornstorf) ab. Rechts liegt die Erhebung des Hellbergs. Ein kleiner Umweg über diesen Berg lohnt sich, bei guter Sicht entdeckt man in der Ferne die sieben Türme der Hansestadt Lübeck. Links geht es weiter durch das Gut Tüschenbek mit seinem villenartigen Herrenhaus am See zur B 207. Dem gut ausgebauten Radweg folgt man nur ca. 300 m nach Süden, um dann links nach Rothenhusen, dem Anleger der Personenschiffahrt, abzubiegen. Hier endet dann die Radtour.

Am Abfluß des Ratzeburger Sees in die Wakenitz stand schon Ende des 16. Jh. ein befestigtes Blockhaus auf Pfählen und Steinfundamenten. Die Lübecker Besatzung hatte hier ihre Unterkunft und wußte mit Kanonen die Hoheitsrechte zu wahren. Erst 1810 wurden die letzten Geschütze entfernt. Heute kann man hier in einer gepflegten Gaststätte eine Pause einlegen.

In der Hauptsaison (1.5. bis 30.9.) fahren die modernen Fahrgastschiffe, MS Mecklenburg und MS Heinrich der Löwe, von 10–17 Uhr zu jeder vollen Stunde von Rothenhusen nach Ratzeburg zurück. „Kleine Lekkereien" in der Bordrestauration sorgen für das leibliche Wohl, über Lautsprecher bekommt der Fahrgast auf allen Decks interessante Informationen über den See und die reizvolle Landschaft.

Wen das Schiff nicht lockt, der kommt auf gut angelegtem Weg direkt am westlichen Ufer des Ratzeburger Sees entlang über Groß Sarau, Pogeez und Buchholz nach Ratzeburg zurück (ca. 12 km).

Wer ohne Fahrrad in Rothenhusen angekommen ist, kann auf dem romantischen, seerosenbewachsenen Amazonas des Nordens, dem ehemaligen Grenzfluß Wakenitz, mit MS Maiworm bis in die Lübecker Innenstadt gelangen. Zur Rückfahrt nach Ratzeburg kann man die Bundesbahn oder den Bus wählen.

Kulturgeschichte

Die Schleswig-Holsteinische Knicklandschaft ist erst gut 200 Jahre alt. Vor dem 18. Jh. bestand eine vielgestaltige Acker-, Weide- und Wiesenflur, die sich mit Gebüschen und Wäldern abwechselte. Es gab Feldgemeinschaften und Gemeindeweiden. Um 1770 (Verkoppelungsgesetze) wurden die Dorffluren vermessen, und jeder bekam sein eigenes Land, das er mit Strauchwerk einfassen mußte. Durch dieses lineare Knicknetz wurden die übrigen Landschaftselemente verbunden und ökologisch verbessert. Die Knickpflege, das „auf den Stock setzen" (=Abholzen), entstand durch den Wechsel der Nutzung. Nach der Brache im ersten Jahr folgten 5 bis 6 Jahre Ackerbau mit verschiedenen Feldfrüchten. Wenn dann der Knick hoch genug und durch Abknicken und Verflechten auch dicht genug war, fand im 7. bis 9. Jahr vor dem erneuten Knicken eine Weidenutzung statt. Knicks dienen nicht nur der Abgrenzung, sie haben auch einen positiven Einfluß auf das Kleinklima, schützen vor Wind und Erosion und waren früher wichtige Rohstofflieferanten vom Knickholz bis zum Kräutertee. Die Überhälter, ab und zu stehengelassene Einzelbäume im Knick, wurden zur Pfahlholzgewinnung genutzt.

Erdgeschichte Zungenbecken s. Tour 7

Pflanzenkunde s. Einführung

Tierleben Die Knicklandschaft bietet Lebensraum für eine Vielzahl an Tieren. Besonders die vielen Vogelarten fallen auf, die den Knick in unterschiedlichster Weise nutzen. Die Überhälter (s.o.) dienen den großen Greifvögeln wie Bussarden als Ansitzwarte, wenn sie den Mäusen auflauern. In den zurückgestutzten Büschen mit zahlreichen Ästen und Astquirlen bauen Kleinvögel wie Goldammern, Heckenbraunellen und verschiedene Grasmücken ihre Nester und finden unter den vielen Insekten dieses Biotops ihre Nahrung. Untersuchungen zur Brutvogeldichte zeigen, daß Doppelknicks und Knickabzweigungen eine sehr viel höhere Vogeldichte haben als Einzelknicks.

Die Alte Fischerei am Südufer des Großen Ratzeburger Sees

Tour 7
Rundwanderung am Südufer des Ratzeburger Sees

Anfahrt
s. Tour 4, P s. Tour 6
Wanderstrecke und Profil
ca. 12 km/4 Stunden, Steigungen bis 45 m Höhe
Orientierung
Europawanderwegezeichen X am Westufer, rote Schlange am Ostufer
Rast Bänke am Seeufer
Einkehr
Gaststätten in Ratzeburg, Römnitz, Kalkhütte und Buchholz

Achtung! Als Rundtour mit Schiffahrt nur vom 1. 4. bis 23. 10. möglich.

Kombiniert mit einer kurzen Schifffahrt von Kalkhütte nach Buchholz ergibt sich ein interessanter Rundweg im Süden an den waldreichen Ufern des Großen Ratzeburger Sees. Die Rundtour kann auch in zwei Einzelwanderungen zerlegt werden. Dazu fährt man vom Lüneburger Damm aus mit dem Schiff nach Kalkhütte bzw. Buchholz und wandert an den Ufern nach Ratzeburg zurück.

Über den Lüneburger Damm, die Stadtinsel und den Königsdamm gelangt man in die Vorstadt. Bei der Gaststätte „Domblick" geht es links am Seeufer entlang. Von hier hat man einen wunderschönen Blick auf den Ratzeburger Dom und das A. Paul Weber Museum. Dem Bäker Weg folgt man bis zu den steilen Waldhängen am Ende des Weges. Hier gibt es viele Quellen und feuchte Stellen im Wald, sie werden im Löwenbrunnen zusammengefaßt und in den See geleitet. Ein schattiger Waldweg mit efeubewachsenen Bäumen am Hang und Erlenbrüchen zum See führt auf den Mühlenweg nach Bäk. (Hier kann man einen Abstecher nach rechts ins interessante Kupfermühlental unternehmen und auf anderem Weg nach Römnitz gelangen.) Der vom Mühlenweg abzweigende Papengang führt wieder direkt in den Wald, der Weg ist gut ausgeschildert. Durch das Hasselholz, hoch über dem See gelegen, erreicht man die Dorfstraße von Römnitz. Der Buchenhochwald an den Hängen wird von Edellaubhölzern unterbrochen, Kirsche, Ahorn und Eiche wechseln sich ab. Immer wieder hat man schöne Ausblicke auf die Inselstadt. Wer schon Hunger oder Durst verspürt, sollte links zur Römnitzer Mühle abbiegen, früher eine alte Mecklenburger Getreidemühle, heute ein gepflegtes Speiselokal. Am Ende der Straße ist auch der Anleger der Personenschiffahrt, die Bänke auf dem Steg laden zur Rast oder zum Sonnenbaden ein. Wer noch keine Pause braucht, kann auch gleich geradeaus durch die Felder weiterwandern. Das malerische Soll auf der rechten Seite ist von Kopfweiden umgeben. Es ist ein Überbleibsel der letzten Eiszeit, ein Toteisloch, und zeigt mit den guten lehmigen Böden rundherum, daß

Das Ansveruskreuz bei Einhaus

man sich in der Grundmoränenlandschaft befindet. Der Weg durch die Felder ist nur kurz, dann folgt der nächste Wald nach Kalkhütte zu. Früher wurde hier die anstehende Seekreide (s. Erdgeschichte) abgebaut und zur Ziegelherstellung verwandt. Am Hang zeigen sich an einigen Stellen deutlich die Terrassenbildungen der Späteiszeit und ihrer Schmelzwasserströme (s. Erdgeschichte).

In diesem Wald soll sich vor Jahrhunderten der Sage nach „Gräsiges" zugetragen haben. Im Dunkel der Schluchten lebte Papendöneke mit seiner Frau, ein Räuber, der all seine Kinder erschlug und die Gerippe an der Hauswand aufhängte. Er war sehr reich, gehörte daher wohl zu den „Raubrittern", die entlang den Handelsstraßen nach Lübeck an unzugänglichen Stellen hausten und die Fuhrwerke überfielen (s. Kulturgeschichte).

Aus dem Dunkel des Waldes geht es jetzt ans Licht des Sees. Die Schiffe „Heinrich der Löwe" und „Mecklenburg" bringen die Gäste sicher ans gegenüberliegende Ufer bei Buchholz, man muß nur deutlich auf dem Steg stehen, denn außer dem Lüneburger Damm und Rothenhusen sind alle anderen Bedarfsanlegestellen und das Schiff fährt weiter, wenn niemand aus- oder einsteigen will.

Bei Buchholz, dem alten Fischerdorf am Hang, führt der Wanderweg direkt hinter dem Schilfgürtel am Wasser entlang. Er zieht sich schattig zwischen Quellhängen rechts und Erlen links zum Ufer hin. Im Wald muß man die Höhen der Gletscherseitenmoränen ersteigen, tief unten schimmert der See durch die Bäume.

Ein Schild zeigt zum Ansveruskreuz (300 m rechts), hier sollte man kurz abbiegen. Der heilige Ansver, im 11. Jh. Abt des Benediktinerklosters „St. Georg auf dem Berge", wurde hier am 15. Juli 1066 mit 18 Mönchen von heidnischen Polaben gesteinigt. Zahlreiche Legenden sind um diesen Mann entstanden, der im 12. Jh. heiliggesprochen und in den Ratzeburger Dom überführt wurde. Wohl im 14. Jh. ließ ein Domherr des Bistums Ratzeburg an dieser Stelle ein Votivkreuz errichten. Dieses Radkreuz aus gotländischem Korallenkalk soll an den ersten christlichen Glaubensboten im Lauenburgischen Land erinnern. Jedes Jahr versammeln sich hier Katholiken aus der ganzen Umgebung am 2. Sonntag im September zu einem großen Wallfahrtsgottesdienst.

Hinter dem Schlagbaum führt der Weg rechts in den Wald und zum Hauptweg zurück. Viele Holzstufen führen ans Ufer des Sees zur Himmelswiese hinunter, Badestelle und Liegewiese zugleich, man kann aber auch dem Hauptweg folgen, Einhaus ist ausgeschildert.

Folgen Sie ruhig links den roten Herzen an den Bäumen, die wohl ein Spaßvogel hinterlassen hat. Auf diesem alten Weg ist es viel interessanter und romantischer so direkt am Steilhang entlang, ein abenteuerlicher Schleichweg mit Seeblick (vom Hauptweg aus ist der See gar nicht zu sehen). Von hier aus nach Ratzeburg (s. Tour 6 rückwärts).

Kulturgeschichte

Die durch den gleichnamigen Ort fließende Bäk ist der Abfluß des Mechower Sees zum Ratzeburger See mit einem Höhenunterschied von mehr als 20 m. Das starke Gefälle wurde für den Betrieb mehrerer Mühlen genutzt. Die Pfaffenmühle aus dem Mittelalter lag direkt am Ratzeburger See. Am Ende des 16. Jh. wurden 4 Kupferhämmer und je 1 Papier-, Pulver- und Walkmühle aufgebaut, die später alle auch in Kupfermühlen (Name) umgebaut wurden. (Der Papiermühlenbetrieb wurde in der damaligen Kupfermühle in Farchau (s. Tour 5) fortgesetzt.) Die Blütezeit der Kupferindustrie lag im 18. Jh., heute kann man im Tal nur noch die alten Mühlendämme erkennen.

Erdgeschichte

Die Ratzeburger Seen sind auf eine Gletscherzunge zurückzuführen, die von der Lübecker Bucht weit nach Süden vorstieß, sie hatten damit eine Verbindung zur Ostsee und waren so etwas wie eine Förde. Schon im Tertiär gab es hier eine Hohlform, die die Gletscher später als Zungenbekken nutzen konnten. Über 20 m tief wurde der Boden ausgeschoben, in einigen Rinnen bis zu 24 m. Besonders zum Norden hin wurden Geröllmassen abgelagert, genauso wie am Schaalsee. Fast 12 km^2 des Seebodens liegen tiefer als der Ostseespiegel. Der Große Ratzeburger See ist damit die größte Kryptodepression Norddeutschlands (krypto=verborgene, weil von Wasser bedeckte Einsenkung unter dem Meeresspiegelniveau). Auch die abgetragenen Terrassen an den Seitenmoränen der Gletscherzunge weisen auf die Tätigkeit des Eises hin. Als es taute, ließ es auf diesen Terrassen Sande zurück, die noch heute die jeweilige Höhe des Lübecker Stausees zu den verschiedenen Tauperioden anzeigen.

Seekreide kann in kalkreichen Gewässern entstehen, wenn in ihnen die Armleuchteralge Chara wächst. Zum Wachstum benötigt sie Traubenzucker und Stärke, die sie mit Hilfe des Sonnenlichts aus Wasser und Kohlendioxid in der Photosynthese selber aufbaut. Hierzu zersetzt sie den Doppelkohlensauren Kalk des Wassers in Kohlensäure, die sie aufzehrt, und Kohlensauren Kalk, der sich als Seekreide absetzt.

Pflanzenkunde und Tierleben siehe Einführung

Tour 8
Durch die Garrenseerinne zum Salemer Moor

Anfahrt

Bus	**Linienbus Ratzeburg-Mustin Haltestelle in Sande**
Pkw	**B 208 zum P Waldrand hinter Sande**
Rad	**ca. 4 km von Ratzeburg (Vorstadt)**

Wanderstrecke und Profil
Garrenseerinne ca. 9 km/3 Std.
u. Salemer Moor ca. 12 km/4 Std.

Höhenunterschiede
bis 20 m, als Radtour geeignet

Orientierung
Wanderkarte am Parkplatz

Rast	**Bänke an den Seen Einkehr in Salem**

Die Garrenseerinne mit Garrensee, Plötschersee und Schwarzer Kuhle liegt von Wald umgeben abseits der großen Freizeit- und Urlaubszentren. Ihre Abgeschiedenheit und Ursprünglichkeit ist wie geschaffen für Menschen, die Einsamkeit mit Ruhe und Besinnung suchen – Natur pur.

Das zu Mecklenburg gehörende Gebiet wurde nach 1945 im Rahmen eines Gebietstausches dem Herzogtum Lauenburg zugeteilt und auch forstlich verwaltet.

Am Parkplatz zeigt die Ausschilderung Eule 4,5 km bis Salem. Der Weg führt am östlichen Seeufer des Garrensees entlang durch das Garrenseeholz. Nur wenige Seggenbülten wachsen am Ufer, das Wasser ist auffallend klar, unvermoderte Blätter liegen zwischen ausgefälltem Kalk und Sand am Boden, ein oligotropher (nährstoffarmer) See.

Am Hangwald wachsen Buchen, unter den Altbäumen vielfach als Naturverjüngung in unterschiedlichen Stadien. Das geschnitzte Holzschild am Ende des Sees zeigt wieder Salem, diesmal 3,5 km. Auch der Plötschersee (13,5 m tief) ist nährstoffarm und wirkt ruhig und geheimnisvoll. Am östlichen Ufer des Plötschersees entlang erreicht man den Verbindungsgraben zur Schwarzen Kuhle. Der Graben selbst ist stark vermoort und weitet sich zu einem Birken-Erlen-Bruch mit Seggen, Farnen, Binsen und Torfmoosen, ein völlig anderer Landschaftscharakter als an den beiden Seen, aber genauso verwunschen, nicht nur im herbstlichen Nebel. Die Schwarze Kuhle ist der letzte See der Garrenseerinne und nur 10 m tief. Sein braunes Wasser und der weit in den See hineinragende Schwingrasen zeigen, daß er dystroph (nährstoffarm, aber huminsäurereich) ist, ein typischer Braunwassersee. Das Gesamtgebiet darf nur auf den Wegen betreten werden (Naturschutzgebiet), die auf dem Wasser liegenden Schwingrasen sind außerdem lebensgefährlich! Ein „Redder“ (Doppelknick) begleitet den Weg durch die Wiesen und Felder nach Salem. Hier kann man links zum Dorf abbiegen und eine Tasse Kaffee genießen oder sich rechts gleich auf den Rückweg machen (9 km gesamt).

Wer noch Lust auf das Salemer Moor hat, muß etwa 1,5 km am Sportplatz vorbei der Lindenallee nach Ratzeburg folgen. Am Ende des Waldes geht es rechts zum Salemer Moor, ein Holzschild mit einer Ente dient als Wegweiser. Der Spruch am Eingang gilt nicht nur hier, aber hier ganz besonders:

„Laß Deine Augen offen sein,
geschlossen Deinen Mund,
und wandle still, so werden Dir
geheime Dinge kund.“

Eine Informationstafel weist auf Besonderheiten hin: auf Rotbauchunke, Laubfrosch, Kranich und 26 verschiedene Torfmoosarten. Das Betreten des Moores ist streng verboten, im Sommer wird es von freiwilligen Helfern des WWF bewacht. Auch vom Weg aus kann der Interessierte genug entdecken.

Eine uralte Eiche gibt den Weg am kieferbewachsenen Moor entlang frei. Ein Randsumpf umgibt das Moor wie eine Umfriedung und geht in eine offene Wasserfläche mit Seggenbülten über. An der Weggabelung geht es hier rechts ab, eine Ausschilderung fehlt, folgt man den nächsten beiden Wegegabelungen links, erreicht man den Reitweg, der direkt zur Försterei Sande führt. Fußgänger sollten vorher zum Westufer des Plötschersees abbiegen (ausgeschildert). Am Ostufer des Garrensees (das Westufer ist aus Naturschutzgründen gesperrt) geht es zum Parkplatz zurück.

Naturschutz

Das Garrenseeholz ist Teil eines übergreifenden etwa 30 000 ha großen Schutzgebietes rund um den Schaalsee, das vom „Zweckverband Schaalseelandschaft“ betreut wird (s. Naturschutz, Einführung).

Erdgeschichte

Die Stelzwurzeln der Erlen deuten auf unterschiedliche Wasserstände hin. Unerklärliche unterirdische Wasserzufuhr läßt den Seespiegel des Garrensees alle paar Jahre steigen und wieder fallen. Mit einer Wassertiefe von 38 m ist er ein eiszeitliches Strudelloch, ausgespült von dem vom Gletscher herabstürzenden Tauwasser.

Wintereinbruch im Salemer Moor

Moore entstehen auf Standorten, an denen ein Wasserüberschuß herrscht. Organische Substanzen von Moosen, Seggen, Gräsern usw. werden unter Sauerstoffmangel nicht vollständig abgebaut, sie vertorfen und bilden z.B. im Salemer Moor eine bis zu 5 m dicke Torfschicht, je nach Entstehung: Flachmoor-, Hochmoor- oder Bruchwaldtorf.

Die Moore in diesem Gebiet nehmen nicht nur eine klimatische Sonderstellung ein (s. Pflanzenkunde), sondern auch eine geomorphologische. In der letzten Eiszeit lag hier die „Umbiegestelle" des nord-südlich verlaufenden schleswigschen Eisrandes in den west-östlich verlaufenden mecklenburgischen. Der Rand wurde stark gezerrt und dadurch in verschiedene Eiszungen zerlappt. Ein vielfältiges Rinnensystem mit zahlreichen Seenketten, Flüssen und wasserführenden Senken entstand. An der Stelle des Salemer Moores lag nach der Eisschmelze ein flacher, abflußloser See auf tonigem Untergrund, bewachsen mit Pflanzen, die auch heute noch hier vorkommen. Dieser flache See verlandete rasch.

Pflanzenwelt

Das Salemer Moor ist ein klassisches Beispiel für ein Waldhochmoor östlichen Charakters mit Sumpfporst als Kennart. Nach pollenanalytischen Untersuchungen hatte das Moor nicht immer eine Waldvegetation (Waldmoortorf wurde nur in den obersten Schichten gefunden). Bis ca. 1800 war es genauso wie alle atlantischen Hochmoore im Westen baumfrei. Die Torfmoose in Verbindung mit der übrigen Vegetation (Rauschebeere, Moosbeere, Rosmarinheide, Sumpfveilchen) zeigen, daß das Salemer Moor ein noch immer wachsendes Hochmoor ist. Am weitläufigen Randsumpf im Osten sieht man Übergänge zur Niedermoorvegetation.

Tierleben

Warum nur diese Betretungsverbote, Sperrschilder und Wachen in ihren getarnten Wohnwagen am Salemer Moor? Sie befinden sich ganz nahe an einem Brutgebiet von Kranichen. Durch kontinuierliche Verbesserung in den Feuchtgebieten und intensive Schutzmaßnahmen konnte sich die Population dieser seltenen großen, hochbeinigen und langhälsigen Vögel mit silbergrauem Gefieder, roter Kopfplatte und den sichelförmig herabhängenden Armschwingen im Lauenburgischen wieder erholen. Es gibt jetzt ca. 80 Paare im Gebiet. Sie sind Bodenbrüter und errichten im knietiefen Wasser mit Gras und Schilfstengeln eine trockene Insel mit gut 1 m Durchmesser, so sind die Eier gut geschützt. Aber schon ein paar trockene, sonnige Tage und Füchse, Wildschweine oder sorglose Menschen haben Zugang zu dem Nest. Auch wenn der Jungvogel schlüpft, lauern auf ihn viele Gefahren. Als Nestflüchter geht er mit den Eltern auf die benachbarten Wiesen, denn Jungvögel brauchen Insektennahrung im Gegensatz zu den Altvögeln, die sich vorwiegend von Pflanzenteilen ernähren. Auch wenn man den Kranich nicht zu Gesicht bekommt, seine trompetenartigen Rufe beeindrucken. Schutzmaßnahmen wie Wasserstau und Betretungsverbote nützen auch anderen seltenen Tieren, die sich in solchen Ruhezonen wieder vermehren können.

Erlenbruch mit Wasserfeder

Tour 8 a
Abstecher zum Südufer des Lankower Sees

Vom Parkplatz nördlich der B 208 geht es am Waldrand entlang, man folgt der Eule. Im Wald bietet sich ein schönes Beispiel für Naturverjüngung (s. auch Tour 10 a). Rechts geht man in den Hochwald, um an der nächsten Biegung gleich wieder links abzubiegen, man folgt dem Schild „Rundweg". Unter hohen Fichten wandert man zum südlichen Ufer des Sees, der lichte Buchenwald rechts ist typisch für die lehmigen Endmoränenböden. Im Frühling wachsen unter dem unbelaubten Kronendach viele Frühblüher, wie Anemonen, Aronstab, Himmelschlüssel und Goldstern. Um den Lankower See herum gibt es im Forstort Baalen keine Forstwirtschaft mehr, das Gebiet ist unter Schutz gestellt worden. In dieser natürlichen Waldentwicklung fällt viel Totholz an, das von unterschiedlichen Tierarten vielfältig genutzt wird (s.u.).

Totholz

Noch vor nicht allzu langer Zeit mußte man aufpassen, daß man nicht plötzlich im anderen Teil Deutschlands war, denn nur das Ufer gehörte zur Bundesrepublik, das Wasser schon zur damaligen DDR. Ein paar Angler haben trotzdem immer mal wieder vom Ufer aus das Wasser „genutzt". Unter den weit herunterhängenden Zweigen der Bäume und in den wenig einsehbaren Buchten waren sie vor Blicken aus dem Osten gut getarnt. Damals gehörte der See zu den Klarwasserseen der Region, ein Rinnensee, unter dem Eis entstanden, mit 9,5 m Tiefe (s. Tour 27).

Wenn die Bäume im Frühjahr noch nicht belaubt sind, hat man rechts einen Blick auf das Plateau, auf dem bis 1972 das Grenzdorf Lankow, ein Rundlingsdorf, das schon im Mittelalter erwähnt wurde, stand. Heute ist dieses Gebiet unter Naturschutz gestellt und bietet in den Gebüschstrukturen Heimat für eine reichhaltige Vogelwelt. Zwischen Sträuchern und Magerrasenflächen sind hier und da noch Bodenfragmente der damaligen Häuser zu finden oder große Büschel der weißen Narzissen aus den Bauerngärten.

Lankower See

Der Weg entfernt sich nun ein wenig vom Ufer, und man gelangt an einen Bruchwald mit einem kleinen Bach, der in den See mündet. Heruntergefallene Äste haben ihn hier und da gestaut, so daß natürliche Solschwellen entstanden sind. Diesem Bach folgt man entgegengesetzt zu seinem Lauf nach Süden und kommt am südlichen Waldrand auf einem breiten Weg, der auch als Reitweg genutzt werden kann, zum Ausgangspunkt zurück. Am Wegrand, rechts im Feld, liegt ein einzelner bronzezeitlicher Grabhügel (dieser Rundweg ist etwa 3 km lang).

Tierleben

Totholz lebt. Es sind nicht nur die Käfer, die einen toten Baum nutzen, um im Holz oder in der Borke ihre Larven aufwachsen zu lassen, vielfältige andere Zersetzer, wie Asseln, Urinsekten und Pilze, zerlegen Stamm und Äste in ihre Grundbausteine, so daß auf diesem nahrhaften Substrat neues Leben, eine neue Baumgeneration, entstehen kann. Vorher ist ein solcher Baum aber noch Nist- und Wohnraum für eine Vielzahl von höheren Tieren. Spechte nutzen das geschwächte Holz, um in mehrtägiger Fleißarbeit eine Höhle für die Jungenaufzucht zu zimmern. Selten wird sie von diesen Vögeln ein zweites Mal genutzt, so daß auch andere Höhlenbrüter, z.B. die Hohltaube, eine Brutmöglichkeit finden. Durch Pilzbefall zersetzen sich die Wände solcher Hohlräume mit der Zeit und weiten sich durch Fäulnis auf. Sie sind dann nicht mehr für Vögel attraktiv. Neue Bewohner sind die Waldfledermäuse, vor allem Abendsegler und Wasserfledermäuse, die hier während der Sommermonate ein Tagesquartier finden. Auf der moos- und flechtenbewachsenen Wetterseite des Baumes leben Kleininsekten und Schnecken, ein Paradies für Spinnen und andere Räuber. In einem solchen Baum findet der Specht nicht nur Brutmöglichkeiten, sondern auch Nahrung, was die tief in Borke und Holz geschlagenen Hohlräume zeigen. Diese Nischen werden wieder genutzt, ob von Mäusen, Wespen oder Hornissen.

So ist jeder morsche Baum ein Biotop für sich in einer komplizierten Lebensgemeinschaft, die im Ökosystem Wald dazugehört, weil alles voneinander lebt und aufeinander aufbaut.

Tour 9
Zum Seedorfer Werder – mitten im Schaalsee

Anfahrt nach Seedorf

Bus Linienbus von Ratzeburg zur Haltestelle Nähe Kirche

Pkw von Ratzeburg (Vorstadt), von Mölln über Sterley, von Büchen und Gudow über Hollenbek zum P an der Kirche von Seedorf

Wanderstrecke und Profil
6 km/2 Std. bei nur geringen Steigungen

Orientierung
Ausschilderung Delphin

Rast Bänke an Weg und Aussichtspunkten, Einkehr in Seedorf

Wie eine Insel liegt der Seedorfer Werder am nordwestlichen Ende des Schaalsees. Hier sagen sich nicht nur Fuchs und Hase gute Nacht, wie das Sprichwort meint, sondern auch andere, seltenere Tiere, deren Lebensraum geschützt werden soll. Darum ist ein Teil des Werders gesperrt (Sperrschild: roter Diagonalstrich durch grüne Baumgruppe). Naturbewußte Urlauber bleiben aber sowieso auf den Wanderwegen!

Vom Parkplatz an der Kirche führt ein gut ausgebauter, gut ausgeschilderter Wanderweg auf den Seedorfer Werder (geschnitztes Holzschild: Seedorfer Werder, Wanderwegzeichen: Delphin). Die kunsthistorisch bedeutende Kirche stammt in Teilen aus dem 13. Jh. und enthält wertvolle Malereien, die bei der Restaurierung aufgefrischt bzw. auch von Übermalungen befreit wurden.

Der Turm ist 1872 erneuert worden. Am Ende des Friedhofs steht ein seltener Parkbaum mit lang herabhängenden Früchten wie geflügelten Perlen an einer Schnur, die Eschenblättrige Flügelnuß, ein Walnußgewächs. Eine parkartige Gartenanlage geht bis zum Schloß.

Vor dem Schlagbaum am Waldrand biegt man rechts zum Schaalsee ab. Alte Bäume bilden ein Dach über dem Weg. Das Wasser des großen Sees ist klar, der Uferstreifen nur wenig bewachsen. Der Blick geht weit bis zum jenseitigen Ufer: Rechts liegt der Zipfel der Teufelsbrücke vom Zecherer Werder, dahinter schon Mecklenburg, vor Jahren noch unerreichbar.

Nach kurzem Anstieg ein wunderbarer Blick über den Schaalsee, man steht direkt an einem Steilufer. An der Gabelung gibt es zwei Wege nach rechts, man nimmt davon den linken, rechts kommen jetzt mehrere Sperrschilder (Schongebiet). Ein Fußpfad führt zum Küchensee hinab, die Ausschilderung zeigt rechts nach Dargow (s. Tour 9a). Hinter der kleinen Brücke geht es links Richtung Seedorf an einem Erlenbruch mit Niedermoorvegetation vorbei durch den Wald ins Dorf zurück.

Die Landgaststätte „Lindenhof“ liegt an der Dorfstraße, die von Fachwerkhäusern und -katen des 1972 aufgelösten Gutsbetriebs gesäumt wird. Links folgt man der

Straße zur Kirche zurück. Ein Blick in die alte Schmiede an der Kreuzung lohnt sich. Sie steht unter Denkmalschutz und war noch bis 1990 Dorfschmiede. Meistens ist das Tor offen, und ein Feuer brennt noch wie in alten Zeiten auf der Esse. Gitter, Gartentore und andere kunsthandwerkliche Gegenstände werden bei Frank Swoboda nach den Wünschen der Kunden gefertigt.

Kulturgeschichte

Direkt vor dem Ortseingang von Seedorf (von Hollenbek kommend) liegt links ein Grabhügelfeld aus der späten Bronzezeit. Karten von 1764 zeigen noch 11 erhaltene Gräber, die Hilgenbargen (Heilige Berge). Die Siedlung der dort bestatteten Menschen wird am Schaalsee oder Kirchensee vermutet. In mehreren Grabungen seit etwa 1800 sind verschie-

dene Bronzegegenstände, Urnen und menschliche Skelette gefunden worden. 2 Hügel sind noch fast vollständig erhalten, allerdings nicht mehr in der ursprünglichen Höhe von 4 m, 4 weitere kann man noch gut erkennen.

Pflanzenkunde

Der Wald auf dem Werder ist besonders pilzreich, wenn es auch nicht gerade Edelpilze sind. Auf Stubben und umgefallenen Bäumen finden sich Kolonien von holzzersetzenden Arten, im Unterholz wachsen vorwiegend im Herbst große Hexenringe von verschiedenen Ständerpilzen in rötlichen, braunen und weißen Tönungen. Hexenringe entstehen durch das Wachstum des Myzels, des eigentlichen Pilzes, in der Bodenstreu. Vom Zentrum wächst das Myzel zunächst in alle Richtungen, die älteren inneren Teile sterben ab, an den Rändern wächst es aber weiter und bildet Fruchtkörper, die Pilze, die dann ringförmig angeordnet sind.

Tierleben s. Einführung

Tour 9 a
Abstecher nach Dargow

Möchte man den Rundweg erweitern, bietet sich vom Nordteil des Seedorfer Werders ein Abstecher nach Dargow an.

Zwischen Schaalsee und Küchensee biegt man hinter der kleinen Brücke rechts nach Dargow ab. Erlenbrüche begleiten den Wanderer am Ufer. Unter den Bäumen, die diesem hohen Wasserstand mit Stelzwurzeln begegnen, wachsen Binsen und Seggen, weißes Mähdesüß und gelber Gilbweiderich. Das leuchtende Blau dazwischen gehört zu dem feuchtigkeitsliebenden Helmkraut. Über eine Holzbrücke geht es rechts direkt zum Uferweg nach Dargow. Man kann aber auch den kleinen Pfuhlsee links umrunden (ca. 1,5 km zusätzlich) und im „Fuchsbau" einen Imbiss nehmen. In Dargow selbst ist der neue Aussichtsturm fertig und

Schaalsee bei Dargow

bietet einen wunderschönen Ausblick auf den nördlichen Schaalsee und die Dargower Bucht. Auch in diesem kleinen abgelegenen und etwas verschlafen wirkenden Dörflein wird etwas für müde Wanderer getan. Im Schoppenhof direkt am See gibt es gemütliche Apartments. Kinder können hier unterschiedliche Tiere erleben wie die gutmütigen, zottigen Highland Cattle oder Schafe und Ziegen.

In der Heuherberge Schaalseehof gibt es nicht nur billige Schlafplätze auf Heu und Stroh, sondern auch ein Hofcafé mit selbstgebackenem Kuchen, ein Westernzelt mit Feuerstelle und einige alte landwirtschaftliche Geräte – ein kleines Museum im Dorf.

In der Fischräucherei nebenan kann man die Fische des Sees geräuchert für einen Imbiss mitnehmen oder gleich vor Ort verzehren. Ein Bad im See an der kleinen Badestelle erfrischt nach einer Wanderung im Hochsommer. Von hier aus kann man nach Norden an der Eichhorst entlangwandern (zusätzlich 4 km) oder auf demselben Weg nach Seedorf zurück.

Tour 9 b
Abstecher zum Zecherer Werder

Auch der Zecherer Werder im Süden lohnt einen Abstecher. Beim Ortsteil Zuckerhut mit Blick auf den Priestersee gelangt man nach Groß Zecher. Hinter dem Gutshof, der seit 1681 im Besitz der Familie von Witzendorf ist, beginnt der Wanderweg, der zur Nordspitze des Werders, der Teufelsbrücke (s.u.), führt. Er ist mit einem geschnitzten Holzschild gut erkennbar ausgeschildert. Links liegt eine Feuchtwiese mit Sumpfdotterblumen und zahlreichen Binsen und Seggen, rechts eine Sandgrube mit Magerrasenvegetation, zusätzliche Vielfalt bieten die Brachen, die als Stillegungsflächen auf diesem sandigen Boden ehemals stark gedüngte Felder ersetzen.

Am Waldrand stehen einige tote Buchen, hohl und langsam in sich zusammenfallend, Totholz, das bewußt stehengelassen wird und mit den vielen holz- und rindenbewohnenden Käfern, den Hautflüglern, Moosen und Flechten einen kleinen Lebensraum in sich darstellt (s. Tour 8 a). Von diesen Baumveteranen werden Ihnen noch einige im Buchenhochwald begegnen, denn ein gewisser Anteil von Totholz ist heute Voraussetzung für eine Zertifizierung des Holzes in einer modernen Forstwirtschaft. Durch die Erlenstämme blickt man direkt auf das Wasser. An

Auf dem Weg zur Teufelsbrücke, Zecherer Werder

besonders schönen Stellen wurden Bänke aufgestellt, hier kann man ausruhen und die Aussicht genießen. Je näher man dem Nordzipfel des Werders kommt, desto höher steigt das Gelände an und gibt einen wunderschönen Ausblick auf den nördlichen Schaalsee mit den gegenüberliegenden Uferregionen um Bresahn und den Seedorfer Werder frei. Unter dem Steilhang liegen im Wasser die großen Gesteinsbrocken, die dieser Landzunge den Namen Teufelsbrücke gegeben haben. Der Teufel soll sie selbst in den See geworfen haben vor Wut über einen listigen Bauern, dem er hier eine Brücke hinüber nach Dargow bauen sollte, damit er nachts nach einem Zechgelage von Groß Zecher schneller nach Hause käme. Wenn die Brücke bis zum nächsten Hahnenschrei fertig wäre, sollte der Teufel seine Seele bekommen. Sofort begann der Teufel, Steine zu schleppen. Da bekam der Bauer Angst um seine Seele, und noch vor Morgengrauen weckte er einen Hahn und brachte ihn zum Krähen. Der Teufel sah sich betrogen und warf voll Wut alle Steine in den See. Teufels Großmutter, die über ihren Enkel lachte, bekam den letzten Stein an den Kopf und verlor viel Blut, das auf die Steine tropfte.

Die Steine hat natürlich die Eiszeit als Blockpackungen hierhertransportiert, und die roten Flecken auf den Steinen sind seltene Süßwasserrotalgen, die in dem sauberen Wasser des Sees gut gedeihen.

Auf dem östlichen Teil des Wanderwegs kommt man zum Gutshof zurück. In der Kutscherscheune schmeckt eine Tasse Kaffee und selbstgebackener Kuchen, wer es lieber etwas deftiger mag, kann verschiedene Fischspezialitäten in der „Maräne“ essen oder sich geräucherten Fisch aus der Fischräucherei mitnehmen.

Tour 10
Der Bartelsbusch – nicht nur ein Frühlingswald

Anfahrt zum P an der B 208
Pkw über die B 208 Ratzeburg–Bad Oldesloe
Rad ca. 13 km von Ratzeburg
Wanderstrecke und Profil
ca. 6 km/2 Stunden, keine Steigungen
Orientierung
Wanderwegmarkierung mit km-Angaben: rote Schnecke; X = Europawanderweg
Rast am Wegrand
Einkehr unterwegs nicht möglich

Der Bartelsbusch, an der B 208 zwischen Ratzeburg und Berkenthin gelegen, ist einer der wenigen großen Wälder im Norden des Kreises. Er ist ein Mischwald mit vielen Arten von Edellaubhölzern, die ihn im Herbst von seiner schönsten, bunten Seite zeigen. Aber auch schon im Frühling hat er viel zu bieten: Himmelschlüssel, Anemonenteppiche und die eine oder andere seltene Pflanzenart unter blühenden Kirschbäumen und mächtigen Eichen und Buchen.

Als Ausgangspunkt dient der Parkplatz an der B 208 direkt am Wald. Der westliche Eingang zeigt genau nach Norden. Rechts und links des Weges fallen mehrere kleine, runde Sölle oder vermoorte Vertiefungen mit unterschiedlichem Bewuchs je nach Schatten- oder Sonnenstandort auf (s. Erdgeschichte). Ein tiefer künstlicher Taleinschnitt wird vom Wanderweg gequert. Auf dieser Strecke fuhr noch 1962 die Eisenbahn von Ratzeburg nach Bad Oldesloe, die aber aufgrund des geringen Verkehrsaufkommens aufgelöst wurde. Die Natur hat sich den Standort schnell zurückerobert. An der Weggabelung geht es nach rechts, ein zusätzliches X an den Bäumen zeigt, daß der Weg Teil des Europawanderwegs vom Nordkap bis nach Sizilien ist. Eine Allee führt auf ein ehemaliges Waldarbeitergehöft zu. Die dazugehörige Försterei ist abgebrannt, Gartenblumen wachsen noch zwischen den Büschen und Bäumen.

Am Ende des Waldes geht es links nach Groß Disnack, einem kleinen Dörfchen mit weniger als 100 Einwohnern, aber einem großen Fernsehturm von 144 m Höhe. Kurz vor den ersten Häusern biegt man links in die Felder ab. Ein knickbewachsener Weg führt in den Wald zurück. Da dieser Weg als Reitweg zugelassen ist, ist er nicht immer so eben wie die vorigen. Nach gut 500 m zeigt der Wegweiser rechts nach Berkenthin, der Wanderweg geht aber links zurück zur Bahntrasse. Um nicht den schon bekannten Weg zurückzugehen, biegt man hinter der Trasse links zu einem Feuchtgebiet mit kleinem See ab. Wühlspuren am Rand und in den umliegenden Waldungen zeigen, daß es hier auch Wildschweine gibt. Tagsüber haben sie sich aber in die Dickungen zurückgezogen und lassen sich nicht blicken. Der Weg endet danach direkt am Parkplatz (östliche Seite).

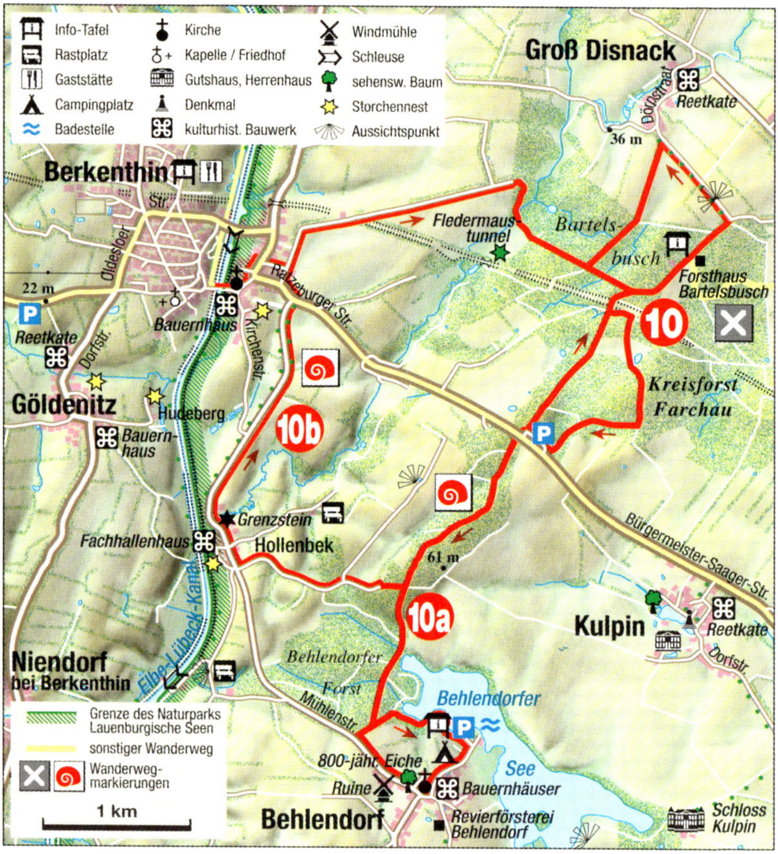

Erdgeschichte

Geomorphologisch gehört der Forstort Bartelsbusch zur weichseleiszeitlichen Grundmoränenlandschaft mit einem hohen Anteil an Ton und Schluff im Boden, der durch die Gletschertätigkeit entstanden ist. Dieser kalkhaltige Geschiebemergel ist entscheidend für die Bodenfruchtbarkeit im Gebiet, da er ein gutes Wasser- und Nährstoffhaltevermögen besitzt. Die Bodenqualität ist hier mit die höchste im Kreis und weist Spitzenwerte von über 55 Bodenpunkten aus. Daher wachsen Bäume in diesem Wald schneller zu stattlichen Exemplaren heran, und auch die andere Vegetation ist hier üppig. Die Sölle (Toteislöcher) sind in diesem ehemals vergletscherten Gebiet durch Abschmelzen von liegengebliebenen Eisblöcken entstanden.

Pflanzenwelt

Dieser Wald hat eine naturnahe Altersstruktur, d.h., relativ alte Baumbestände mit über 200jährigen Eichen wechseln z.B. mit Abteilungen, auf denen Naturverjüngung hauptsächlich mit Buche gepflegt wird. Der Laubmischwald zeigt eine typische Zusammensetzung für diesen bodenfruchtbaren Standort mit Edellaubhölzern wie Esche, Kirsche, Ahorn, Buche und Eiche. In der Krautschicht kommen seltene Arten wie Aronstab, Schuppenwurz, Einbeere und Waldprimel häufiger vor. Die Standortvielfalt wird durch den querenden Bahndamm mit lichten Böschungen, breite Wegränder und Lichtungen erhöht. Die artenreichen Waldränder leiten zu Wiesen- und Ackerbiotopen über.

Tierleben

Der naturnahe Hochwald mit unterschiedlicher Altersstruktur bietet horstbauenden Großvögeln wie Kolkrabe und Rotmilan beste Nistmöglichkeiten. Im Altholz gibt es genügend Nischen und Höhlungen für höhlenbrütende Vögel und Fledermäuse. Viele der aufgehängten Nisthilfen sind für letztere eingerichtet worden, um genügend Sommerquartiere und Höhlen für die Jungenaufzucht anzubieten. Auch der Bahndamm wurde an unzugänglicher Stelle für Fledermäuse hergerichtet.

Schwefelporling auf Eiche

10 a
Ein Abstecher zum schönsten Dorf Schleswig-Holsteins

Quert man die B 208, führt ein Wanderweg nach Behlendorf. Die Ausschilderung mit der Schnecke gibt 3 km an. Der Behlendorfer Forst gleicht dem Bartelsbusch mit gewaltigen, z.T. schon sehr alten Bäumen und viel Unterwuchs in der Strauch- und Krautschicht. Lichtere und schattigere Abschnitte wechseln sich ab. Sölle rechts und links tragen zur Vielfalt bei.

An der Kreuzung geht es geradeaus. Mächtige Eichen wachsen hier abwechselnd mit Buchen. In einer Abteilung hat man einige Buchenaltbäume als Überhälter stehengelassen. Sie brechen den Wind und sorgen für ein wuchsförderndes Kleinklima am Boden. Aus ihren Bucheckern sind schon mehrere Meter hohe Jungbäume nachgewachsen – eine Naturverjüngung des Waldes.

Am Behlendorfer See ist es sehr sumpfig. Die Eschen haben Stelzwurzeln über der Erde ausgebildet. In den Buchten wachsen See- und Teichrosen. Der Weg folgt hier nur kurz dem Ufer und biegt rechts ins Dorf ab. Man hat vor den ersten Häusern einen wunderschönen, weiten Blick auf die hügelige Jungmoränenlandschaft mit Kuhweiden und dem See im Hintergrund.

1991 wurde Behlendorf zum schönsten Dorf Schleswig-Holsteins gewählt. Ein stolzer Bronzehahn des Möllner Künstlers Karlheinz Goedtke steht auf dem Dorfplatz des gerade 800 Jahre alten Ortes. Die Bauernhäuser sind hervorragend restauriert. Sie haben vielfach Reetdächer. Die Feldsteinkirche mit einschiffigem Langhaus stammt schon aus dem 13. Jahrhundert. Viele Fenster sind mit Wappenglasmalerei (von 1603) verziert. Der Weg führt am Dorfausgang (Richtung Hollenbek) hinter den drei Reetdachhäusern in den Wald zurück.

10 b Fahrradrundweg: Bartelsbusch – Behlendorf – Berkenthin

10a und 10b lassen sich zu einem Fahrradrundweg von ca. 14 km ausdehnen. Vom Parkplatz an der B 208 geht es zuerst nach Behlendorf (s. 10a), von dort über Hollenbek nach Berkenthin. Ein kurzer Abstecher führt in den reizvoll gelegenen Ort am Elbe-Lübeck-Kanal. Schon im Mittelalter lag Berkenthin an einem Kanal, dem Stecknitz-Delvenau-Kanal von 1398, auf dem vorwiegend Salz von Lüneburg nach Lübeck transportiert wurde (s. Kulturgeschichte). Auf dem Friedhof an der Kirche aus dem 13. Jh. findet man runde Steine der Stecknitzfahrer mit den typischen Zeichen der Zunft, zwei gekreuzten Werkzeugen, einem Stab zum Staken und einem zum Heranziehen ans Ufer („Enterhaken").

Die Wände der Kirche sind mit figürlichen und ornamentalen mittelalterlichen Malereien verziert. Besondere Stücke der Ausstattung sind ein Kruzifix aus dem 14. Jahrhundert, barockes Gestühl um 1600 und der Altar von 1686. Eine der sieben Schleusen des Elbe-Lübeck-Kanals liegt in Berkenthin.

Am östlichen Ortseingang geht es links in den asphaltierten „Disnacker Weg", der als Sandweg in den Bartelsbusch führt. Gleich am Anfang des Waldes folgt man der Gabelung nach rechts etwa 1 km geradeaus und dann wieder rechts zum Parkplatz zurück.

Tour 11
Vom Wisentgehege zum Pinnsee

Anfahrt nach Fredeburg
Bus Linienbus Ratzeburg–Mölln Haltestelle Fredeburg
Pkw B 207 Ratzeburg–Mölln
Wanderstrecke und Profil
etwa 12 km/4 Stunden bei nur geringen Steigungen
Orientierung
Wanderkarte am Wisentgehege
Rast Bänke am Pinnsee, Einkehr unterwegs nicht möglich, Fredenkrug am Anfang oder Ende der Tour (sehr gut als Radtour geeignet)

Wildschweine und Wisente leben in Fredeburg dicht beieinander in großzügigen Gehegen, nur durch die Bundesstraße getrennt. Die urtümlichen Rinder mit den kleinen, starken Hörnern, der breiten Stirn und dem gewaltigen, behaarten Vorderkörper sind die nächsten Verwandten des nordamerikanischen Bisons.

Vom Wisentgehege geht es den gepflasterten Weg geradeaus in den Kreisforst Farchau. Man bewegt sich hier auf historischen Pfaden, dem „Alten Frachtweg“, dem östlichen Landweg der „Alten Salzstraße“, von Lüneburg nach Lübeck. Hier wurde das Salz auf Planwagen transportiert, das von Ilmenauschiffen nach Boizenburg gefahren, hier in Fässer geschlagen und umgeladen wurde. Diese Strecke über Fortkrug, Langenlehsten und das Hellbachtal erlangte aber nie die Beförderungsmenge wie die westliche Strecke über Schnakenbek, Lütau, Breitenfelde und Mölln, ist aber im Gegensatz zu dieser noch in fast allen Abschnitten erhalten (s. Tour 3).

Die Strecke verläuft bis zum Pinnsee immer geradeaus durch unterschiedliche Forstorte. Hier auf den nährstoffhaltigen Endmoränenböden wächst hauptsächlich Buche. Forstleute haben aber auch reine Fichtenstandorte gepflanzt, auch Lärchen und Douglasien begleiten den Wanderer und Radfahrer. Ab und zu spürt man die Gewalt der Eismassen, die Geröll und Erdmengen vor sich herschoben, wenn man diesen oder jenen Abhang mühevoll bergauf steigen oder radeln muß, eine Gangschaltung ist da sicher von Vorteil. Die Abfahrt zum Pinnsee ist sehr steil und ausgewaschen, nach Regengüssen hat sich der lose Sand am Fuß des Steilhangs gesammelt, Achtung! Ein Rundweg ist um den See herum angelegt worden, so daß Sie am nördlichen oder südlichen Ufer, je nach Lust oder Sonnenstand, entlangfahren können.

Am Ostufer gibt es eine sandige Bucht mit Badestelle. Teile des Sees verlanden und bilden artenreiche Zonen mit Sumpfcalla, Schnabelsegge und Torfmoosen. Vor der kleinen Brücke geht rechts ein kurzer Schleichweg zum Hauptweg zurück. Das Schild auf der rechten Seite (rote Umrandung, angedeuteter Wald, rot durchgestrichen) sollte man auf jeden Fall beachten. Hier darf man den Wald auch auf den Wegen nicht betreten. An einigen Stellen muß die Natur auch einmal ganz sich selbst überlassen sein, ohne Störungen durch die Menschen. Man kreuzt die Straße Mölln–Schmilau und fährt am Waldrand entlang. Hier liegen ausgedehnte Erdbeerfelder, denn der Raum Schmilau ist das Hauptanbaugebiet im Kreis. Am Abzweig links hat man einen schönen Ausblick auf das Miniaturdörfchen Fredeburg. Am Wisentgehege vorbei geht es auf den Parkplatz zurück.

Kulturgeschichte s. Frachtweg, Tour 3

Erdgeschichte

Das Schmelzwasser der Gletscher wirkte erodierend auf den Untergrund und bildete auf verschiedene Art und Weise Hohlformen für Talräume und Gewässer. Wo das oberflächlich abfließende Wasser vom Gletschereis herabstürzte, wurden Strudellöcher ausgewaschen, sog.

Das Wisent

Evorsionsseen. Sie gehören zu den tieferen Seentypen. Der kleine Pinnsee, mitten im Farchauer Forst gelegen, wurde auf diese Weise gebildet.

Der Wensöhlengrund auf der Mitte der Strecke ist Teil einer Schmelzwasserrinne vom Ratzeburger See zur Stecknitz-Delvenau-Rinne durch das Pirschbachtal, heute ein sog. Trockental, das nicht einmal ein Bach durchfließt. Wie stark die Kräfte einmal waren, erlebt man, wenn man von der Höhe in dieses Tal hinabfährt und am anderen Ende wieder hinauffahren muß.

Tierleben

Wisente, die größten Landtiere Europas, sind typische Waldrinder, die zur Gattung der Bisons gehören. Sie sind aber etwas schlanker und hochbeiniger als die namensgebende Art. Wisente bevorzugen lichte Wälder mit Waldblößen, Waldsteppen und offenes, aber waldnahes Gelände. Ihre Hauptnahrung sind Gras, Zweige und Blätter, im Winter nehmen sie auch Rinde und Knospen. Als Herdentiere haben sie eine klare Rangordnung, aber kaum abgegrenzte Reviere. Heranwachsende Bullen leben zumindest in der Brunftzeit von August bis November abseits der Herde. Wisente waren im letzten Jahrhundert beinahe ausgestorben. Das letzte freilebende Tier wurde 1921 in der Bialowiezer Heide in Polen gewildert. Aus nur 56 in zoologischen Gärten gehaltenen Tieren wurden neue Herden gezüchtet. Der Weltbestand war 1970 auf 1500 Tiere angewachsen, so daß kleine Herden schon wieder ausgewildert wurden.

Mölln und seine schöne Umgebung

Das Wandergebiet um Mölln schließt nach Süden an das zuvor beschriebene Ratzeburger Wandergebiet an. Die Touren ranken sich von Mölln ausgehend zum einen um die Seenkette, die sich vom Möllner Stadtsee über den Schul- und Hegesee weiter zum Schmalsee, Lüttauer, Drüsensee und Gudower See ausdehnt. Zum anderen verlaufen sie im Bereich des Elbe-Lübeck-Kanals in den landschaftlich und biologisch interessanten Hanglagen.

Wer weiß schon, daß Mölln die Stadt Till Eulenspiegels ist, in der er aufrecht im Grab stehend beigesetzt wurde? Wer weiß, daß hier Turnvater Jahn gegen Napoleons Truppen gekämpft hat? Wer kennt das romantische Hellbachtal (s. Tour 15)? Vom Aussichtsturm Klüschenberg (s. Tour 13) hat man den besten Ausblick auf die seen- und waldreiche Umgebung Möllns und dieses Wandergebiet. Wer aber die Kennenlern-Tour mit dem Rad quer durch das Wandergebiet auf der Route der alten Salzstraße nicht absolvieren konnte oder wollte, fährt oder wandert hier mit Tour 18 auf dem repräsentativsten Teilstück der via regia, der Straße unserer Vorfahren.

Tour 12
Mölln – die Stadt Till Eulenspiegels

Anfahrt
Bahn Strecke Lüneburg–Lübeck
Bus Linienbus von Lübeck, Hamburg
Pkw über die B 207 Schwarzenbek–Lübeck weiter zum P am Kurpark
Wanderstrecke und Profil
ca. 2 km bei nur geringen Höhenunterschieden
Rast Bänke im Kurpark und am Marktplatz, Einkehr: diverse Gaststätten und Restaurants in der Stadt

Mölln, im Zentrum des Naturparks Lauenburgische Seen gelegen, ist die Stadt Till Eulenspiegels, der 1350 hier gestorben ist. Es hat ihn also wirklich gegeben, diesen sagenhaften Schalk, der im Tode die Stadt „steinreich" machen wollte, damit er ein würdiges Begräbnis bekam. Es waren allerdings nicht die Steine in seiner Truhe, die zum Reichtum der Stadt beitrugen, mehr ihre zentrale Lage am Stecknitz-Delvenau-Kanal und den Frachtwegen, auf denen das „weiße Gold", das Salz aus Lüneburg, transportiert wurde.

1 Nach einem kurzen Weg durch Möllns gepflegten Kurpark, direkt am ehemaligen Wassergraben der Stadtbefestigung gelegen, kommt man an den Parkausgang am Mühlenteich. Die Ausschilderung zeigt Richtung Voßberg und führt links auf den Mühlenplatz.

Eulenspiegelbrunnen

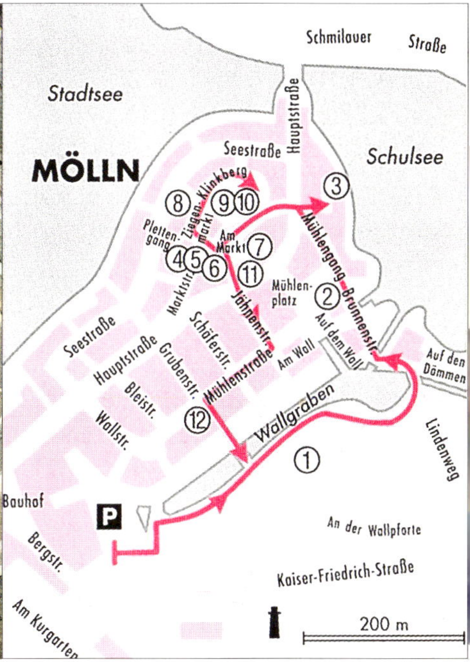

2 Die Bedeutung der Getreidemühle für das mittelalterliche Mölln zeigt das Mühlenrad im Stadtwappen. In der schon 1278 erwähnten Mühle wurde nicht nur das Mehl für das tägliche Brot gemahlen, sondern auch das Malz für die Brauereien, denn Bier war im Mittelalter ein alltägliches Getränk. Um 1700 gab es etwa 300 wahlberechtigte Bürger (= Männer) in Mölln, aber auch 50 bis 60 Brauereien. Die Hälfte aller Stadteinnahmen kam aus dem Mühlenbetrieb und den Brauereien.

3 Ein paar Schritte weiter rechts liegt das Ensemble des Stadthauptmannshofs, ein Herrenhaus, denn Schloß oder Burg gab es nie in Mölln. Hier residierte der Stadthauptmann von Lübeck (s. Kulturgeschichte).

4 Die Straße „Am Markt" führt auf den gepflasterten Marktplatz, der abendlich angeleuchtet den Zauber des mittelalterlichen Zentrums vermittelt. Hier sitzt Till Eulenspiegel verschmitzt lächelnd am Brunnen. Sein glänzender Daumen und die Sohlen verraten, daß er oft angefaßt wird, ein heimlicher Wunsch dabei wird immer erfüllt – wenn er nicht zu groß ist, berichtet die Sage. Wird er aber nicht erfüllt, dann war er eben zu groß!

5 Die alte Ratsapotheke, die Till Eulenspiegel schon 1350 besucht haben soll, liegt genau gegenüber.

Ob es noch dieselbe ist? Der Arzt Samuel Hahnemann begründete hier jedenfalls 1796 die Homöopathie.

6 Einen Besuch lohnt auch das Eulenspiegelmuseum „Am Markt" Nr. 2. Dieses 1582 gebaute Bürgerhaus beherbergte über die Jahrhunderte auch Möllner Handwerker. Weitere historische Bürgerhäuser im Fachwerkstil geben dem Marktplatz das besondere Flair.

7 Im historischen Rathaus, heute Museum, steht ein Modell, das die Stadt im Jahre 1750 mit Stadtmauern und -türmen zeigt. Durch die künstlich angelegten Wassergräben war Mölln fast eine Insel und gut zu verteidigen. Außer den Wallgräben am Kurpark ist davon nichts mehr erhalten.

8 Nach rechts geht es zum im Mittelalter anrüchigen Ziegenmarkt. Heute würde man das Gebiet als „Rotlichtviertel" bezeichnen. Hier konnte sich zu später Stunde kein „anständiger" Möllner sehen lassen. Auch eine Straße für leichte Mädchen, den Petersiliengang, gab es hier, den die Stecknitzfahrer nach anstrengender Reise auf dem Kanal gerne aufsuchten.

9 Eine steile Treppe führt auf den Kirchenberg zur St. Nikolaikirche und dem früheren Friedhof hinauf. Links neben dem Portal steht Till Eulenspiegels Grabstein. Nachdem das Original entwendet worden war, hatte man die Rückseite eines Mariensteins aus der Feldmark als Gedenkstein behauen. Unter der Eulenspiegellinde – diese ist als nachgepflanzter Baum erst 130 Jahre alt – ruht der Narr aufrecht in seinem Grab.

10 Die spätromanische St. Nikolaikirche auf dem Eichberg ist das älteste Gebäude der Stadt, eine Basilika. Wie alle Kirchen liegt sie in West-Ostlage, das bedeutet: von der Dunkelheit zum Licht. Schon 1217 wurde hier eine Kirchensynode abgehalten, also muß eine Kirche vorhanden gewesen sein. Urkundlich erwähnt wird sie 1230. Nach mehreren Umbauten und Erweiterungen hatte sie um 1500 das Aussehen wie heute. Die Bemalungen sind teilweise aus dem 13. Jahrhundert, eine Bilderbibel, denn lesen konnte kaum einer. Zwei Hauptfiguren werden dargestellt: Nikolaus, der Schutzpatron der Kaufleute, Seefahrer und Schiffer, vor einer Hansekogge und Jakobus, Schutzpatron der Reisenden und Pilger, beide wichtig für die handeltreibende Stadt (s. Kulturgeschichte).

Die vielen alten und wertvollen Schätze zeigt der Küster bei seinen Führungen. Besonders erwähnenswert – weil einzigartig – sind mehrere schwarze Tafeln am Portal. Hier wird beidseitig die Anzahl der Abendmahlsgäste verzeichnet von 1575 bis heute. Die Zahl hat sich kaum geändert! (Leider hat niemand die Einwohnerzahl danebengeschrieben.) Nach dem Rundblick auf Möllns rote Dächer, Wälder und Seen geht es zum Marktplatz zurück.

11 In der Museumsstraße steht das älteste Fachwerkhaus Schleswig-

Holsteins von 1409. Gegenüber war der Fleischschrangen, ein Verkaufsstand der mittelalterlichen Fleischerzunft, die aus hygienischen Gründen nicht vom eigenen Hof aus verkaufen durfte. Nach Querung der Hauptstraße gelangt man durch die Jähnenstraße rechts in die Mühlenstraße.

12 Das Haus Nr. 9 erlangte 1992 traurige Berühmtheit durch die Brandstiftung von Rechtsradikalen, bei der drei türkische Mitbürgerinnen verbrannten. Heute gibt es hier eine internationale Begegnungsstätte, und der Verein „Miteinander leben“ setzt sich für Werte wie Integration, Demokra-

tie und Menschenrechte ein. Als außerschulischer Lernort möchte diese Gemeinschaft für Toleranz und das Verständnis fremdländischer Kulturen werben. Am Haus vorbei führt der Weg über eine Brücke in den Kurpark zurück.

Kulturgeschichte

Mölln wird 1188 als Stagnum Mulne (tiefes Gewässer) zum ersten Mal erwähnt. Der Name ist slawischen Ursprungs und hat nichts mit einer Mühle zu tun, wie das Mühlrad im Wappen vielleicht vermuten ließe. Schon 1202 erhielt Mölln Stadtrecht und kam bis 1227 unter dänische Fremdherrschaft (Schlacht bei Bornhöved). Neue Stadtherrn wurden die Herzöge von Sachsen-Lauenburg, die aber immer in Geldschwierigkeiten waren. So übernahmen die Lübecker die Pfandherrschaft über diese strategisch und für die Handelsbeziehungen nach Nord und Süd, Ost und West so günstig gelegene Stadt. Die 324 Jahre dauernde „Fremdherrschaft“ brachte Mölln die Hauptblütezeit mit dem Ausbau des Handels und Wiederaufbau nach zwei großen Bränden. Unter dem Stadthauptmann von Lübeck durften die Bürger sich in einem eigenen Magistrat sogar selbst verwalten. Nach der Rückgabe an das in Lauenburg ansässige Herzogengeschlecht der Askanier begann eine wechselvolle Geschichte. Nach dem Tod des letzten Askaniers (1689) kam Mölln über Celle an Hannover, damit wurden die Möllner britische Untertanen. Zu Beginn des 19. Jh. herrschten 10 Jahre die Franzosen, Mölln war Grenzstadt, hohe Abgaben und Steuern stürzten die Bürger in Armut, die Feldbäckerei (s. Tour 13) war zuständig für das Brot der ganzen Truppe.

1815 wehten preußische Fahnen in der Stadt, die aber schon ein Jahr später von dänischen abgelöst wurden. Kurze Zeit hatte auch die Donaumonarchie ein Wörtchen mitzureden. Erst 1871 wurde Mölln unter Bismarck eine Stadt in Deutschland.

Mölln lag am Schnittpunkt vieler mittelalterlicher Handels- und Heerwege wie den beiden Frachtwegen der „Alten Salzstraße“ in Nord-Südrichtung oder dem Heerweg nach Schwerin und dem „Landweck to Molne“ von Zarrentin in Ost-Westrichtung. Diese Wege zu sichern und die Fracht vor Raubrittern zu schützen war Ziel der Lübecker Handels- und Territorialpolitik, daher die lange andauernde und von Lübeck geförderte Pfandherrschaft.

Der von 1391 bis 1398 gebaute Stecknitz-Delvenau-Kanal als „nasse Salzstraße“ und erster Wasserscheidenkanal Nordeuropas wurde von Lübeck finanziert und beherrscht.

Schon im Mittelalter war das Medizinwesen gut ausgebaut, brauchte man doch Quarantänestationen für Pest- und Leprakranke. Ein solches Haus, das St. Jürgen Hospital, lag im Süden vor den Stadttoren und ist schon 1289 erwähnt.

Das Heiligen Geist Hospital lag innerhalb der Stadtmauern. Es war auch Armen- und Siechenhaus und hatte eine Badestube für Bedürftige, die hier an besonderen Tagen dreimal im Jahr baden durften. Till Eulenspiegel starb hier 1350.

Tour 13
Ins Pirschbachtal und zum Voßberg

Anfahrt s. Tour 12
Ausgangspunkt Mölln Bauhof
Wanderstrecke und Profil ca. 7km/2 Std., bei geringen Höhenunterschieden
Orientierung s. Karte
Wegmarkierung Frosch, Lindenblatt
Rast am südlichen Talweg
Einkehr „Alte Ziegelei" am Talende

Das Pirschbachtal ist ein Naherholungsgebiet der Stadt Mölln mit gut ausgebauten Wegen und auch ohne PKW gut zu erreichen. In Mölln Nord geht es Richtung Jugendherberge den Lankauer Weg entlang bis zur kleinen Brücke über den Bach. Links bei den alten Kopfweiden beginnt der eigentliche Rundweg, der auf der Wanderkarte mit einem Frosch gekennzeichnet und auch sonst gut ausgeschildert ist. Gleich am Anfang muß man sich entscheiden, ob man rechts zum Voßberg hinauf in den Wald gehen möchte oder dem Talweg folgen will. An einem Hang im Wald, an dem früher Kies abgebaut wurde, entdeckt man in der Höhe die Brutröhre des Eisvogels. Mit etwas Glück sieht man den blitzenden Edelstein über dem Pirschbach jagen, denn er versorgt seine Jungen mit kleinen Fischen. Im schattigen Mischwald wachsen stattliche Eichen und Buchen, denen der nahrhafte Moränenmergel zusagt. Kleine Feuchtgebiete mit Sauergräsern und Moosen unterbrechen den Bestand. In der mächtigen Storcheiche hat früher der Schwarzstorch gebrütet, ein seltener Waldvogel, der aus den Siedlungsräumen des Menschen flieht.

Folgt man dem Talweg, hat man immer wieder Ausblicke auf den Bachlauf, der sich durch die extensiv genutzten Wiesen windet. Das Wasser selbst ist selten zu sehen, da der Bach tief eingesenkt zwischen Hochstaudenrieden und Erlen fließt. Am Ende des Tals vor der Brücke ist das Gelände abgesenkt. Hier lag der Knakendiek, ein Stausee für das Tuchmachergewerbe im späten Mittelalter. Das gestaute Wasser trieb ein Wasserrad mit einer Übersetzung für die Walkhämmer.

Hinter der Brücke bei der Alten Ziegelei erreicht man den Elbe-Lübeck-Kanal. Hier wurden noch im letzten Jahrhundert Ziegel für den Hausbau gebrannt, und noch heute findet man Ziegelbruch am Berg.

Als Rückweg bietet sich sowohl der südliche Talweg am Walkmöllerholz (schattig im Sommer) wie auch der Kanalweg zum Ziegelsee an. Auf beiden Wegen gelangt man auf dem Lankauer Weg zurück nach Mölln.

Kulturgeschichte

Wie jede Stadt des Mittelalters hatte Mölln eine eigene Ziegelei zur Herstellung von Backsteinen und Dachziegeln. Die erste Ziegelei lag nahe der Stecknitz am Ziegelholz. Der Name Ziegelsee geht auf diesen Betrieb zurück. Durch Mangel an Lehm wurde die Ziegelei ins Pirschbachtal verlegt und auf den Fundamentsteinen der alten, 1834 abgebrochenen Walkmühle neu aufgebaut. Schon 1906 wurde die Ziegelei endgültig geschlossen. Die Besitzer erhielten aber eine Schankkonzession. Die „Alte Ziegelei" blieb bis Mitte der achtziger Jahre ein gemütliches Kaffeelokal, als Restaurant wurde sie wiedereröffnet.

Erdgeschichte

Das Pirschbachtal ist als weichseleiszeitliche Schmelzwasserrinne ein Verbindungstal zwischen dem Stecknitz-Delvenautal im Westen und dem Einhaus-Fredeburger-Trockental südlich des Ratzeburger Sees. Im Norden ist das Tal von mehreren Bergrücken, den Lankauer Höhen mit dem Voßberg, begrenzt. Diese sind aufgestauchte Endmoränen und durch Eisrandlagen entstanden.

Pflanzenkunde

Durch die ausgeprägte Ost-West-Lage und Verbindung zu südlichen Tälern konnten wärmeliebende Pflanzen einwandern wie das Nickende Leinkraut auf dem Trockenrasenstreifen am nördlichen Talhang. Die Wiesen befinden sich im Besitz der Stiftung Herzogtum Lauenburg und der Naturschutzverbände des Kreises. Sie werden extensiv beweidet, damit sich die Artenvielfalt der Feuchtwiesen erhalten kann. Durch Solschwellen im Bach soll in Zukunft noch mehr Wasser auf den tieferliegenden Flächen gehalten werden. In einigen Teilen haben sich Kohldistelwiesen mit den typischen Begleitstauden angesiedelt. Zum Kanal hin erstreckt sich eine Hochstaudenflur mit Wiesenraute und Blutweiderich. Am Wegrand wachsen Waldkarden, die von Heimatgeschichtlern als Relikte des Tuchmachergewerbes der alten Walkmühle aus dem 14. Jahrhundert angesehen werden. Sicher war diese Kardenart dafür nicht geeignet.

Tierleben

In den Röhrichtzonen und Weidengebüschen am Kanal hört man im Frühling die Nachtigall und den Teichrohrsänger. Ein schnarrendes, heuschreckenähnliches Geräusch deutet auf den Schlagschwirl hin, einen bei uns sehr selten gewordenen Sänger der Sumpf- und Auwälder. Er hat hier sein westlichstes Verbreitungsgebiet.

Teichrohrsänger am Nest

Tour 14
Rundwanderung Wildpark, Schmalsee und Pinnautal

Anfahrt s. Tour 12
Ausgangspunkt Mölln Kurpark
Wanderstrecke und Profil
ca. 8 km/2–3 Stunden, Höhenunterschiede ca. 20 m
Orientierung s. Karte
Rast Lüttauer See, Badestelle, außerdem viele Bänke am Wegrand
Einkehr: Gaststätten in Mölln

In dem kleinen, aber feinen Möllner Kurpark im Zentrum der Stadt kann man neben Bäumen und Blumen auch die Ruhe nach einem ausgedehnten Stadtbummel genießen. Kurz hinter dem Eingang führen rechts mehrere Holzstufen zum 36 m hohen Klüschenberg hinauf. Vom Aussichtsturm, dem alten Wasserturm der Stadt, hat man einen wunderbaren Ausblick auf Mölln, seine umliegenden Seen und die vielfältige, waldreiche Umgebung. Man muß allerdings erst einmal die 186 Stufen des 1913 erbauten Gebäudes bestiegen haben. Hinter dem Turm führt ein Sandweg links in den „Verlobungsweg" (wie ihn der Volksmund nennt), einen verschwiegenen Stieg zwischen Villen und Vorgärten, Teil des folgenden Birkenwegs, der direkt zum Haupteingang des Wildparks führt. Ein Umweg über die Hermannsquelle ist kurz vorher möglich. Hier gab es früher eine Heilquelle. Das Wasser wurde auch zum Brauen von Möllner Bieren benutzt. In der Feldbäckerei nebenan haben die Franzosen bei der Belagerung 1813 ihr Brot backen lassen.

Wenn man die Wegetafeln im 24 ha großen Wildpark beachtet, kann man sich nicht verlaufen und alle Sehenswürdigkeiten wie den Grundlosen Kolk, die Franzosenschanze oder den Findlingsgarten entdecken (s. Kulturgeschichte, Erdgeschichte).

Nach einem ausführlichen Besuch ist der Ausgang Waldhallenweg (am Wildschweingehege vorbei) der günstigste für die weitere Wanderung. Nach Überquerung der abgelegenen Straße gelangt man halblinks in das langgestreckte Tal des Langen Moors, das ganz von einem Erlenbruch bewachsen ist. Das Niedermoor wird von dem kleinen Heiligen Bach durchflossen, der in einem Buchenhochwald im Lüttauer See endet. Hier schließt das Tal an die Mölln-Gudower Seenkette an (s. Tour 15). Früher war das Lange Moor ein Feuchtwiesengelände, das nach dem Krieg aufgeforstet wurde. Der Talraum ist an seinen Hängen von einem pilzreichen Mischwald umgeben, das Moor selbst weist eine Vielfalt an seltenen Pflanzenarten auf, so daß eine Unterschutzstellung eingeleitet ist.

Direkt am Wanderweg steht ein Baumzwilling, der aus Fichte und Buche zusammengewachsen scheint, ein Stückchen weiter die uralte stattliche, durch Blitzschlag gezeichnete Taufeiche nahe der Brücke am Nordufer des Lüttauer Sees. Hier am Heiligen Bach wurden der Sage nach die ersten Möllner Christen getauft.

Ein Schild mit fliegendem Vogel weist in Richtung Schmalsee mit der Badestelle Rolandseck (naturbelassene Kneipp'sche Tret- und Watestelle). Da diese Badestelle nur zu Fuß oder mit dem Fahrrad zu erreichen ist, kann man hier auch in heißen Sommern ein ruhiges Plätzchen finden.

Der Talweg links geht am Westufer des Schmalsees entlang, ein Geheimtip: trotz Stadtnähe ein ruhiger Waldsee mit Teich- und Seerosen. Viele Haubentaucher füttern hier im Sommer ihre Jungen, man kann sie von den Bänken unter den weit herunterhängenden Ästen der Uferbäume aus gut beobachten. Das X an den Bäumen (Europa-Wanderweg) hilft, den richtigen Weg zu finden.

Am Seeende lädt die Waldhalle zu einer Rast, oder man folgt dem Schild „Altstadt 2 km“ mit Vogel und Halbmond. Nach einer Straßenquerung (Waldhallenweg) gelangt man halblinks am Fußgängerschild ins Pinnautal. Dieses Flüßchen wurde umgeleitet, um früher als Mühlenbach die Räder der Möllner Getreidemühle anzutreiben. Der Talraum zeigt eine reizvolle Mischung aus Birken-Erlen-Bruch, Wiesen und Seen.

Eine kleine Brücke quert die Pinnau (Mühlenbach), links gelangt man Auf den Dämmen zur Möllner Altstadt zurück. Vor dem Mühlenbachstau führt eine Holzbrücke direkt in den Kurpark. Am Eingang hat man einen besonders schönen Blick über das seerosenbewachsene Wasser auf die St. Nikolai Kirche.

Tip: Die Wanderung eignet sich besonders gut für einen sehr warmen Sommertag, da der gesamte Weg durch Möllns Stadtforsten führt und fast überall beschattet ist.

Kulturgeschichte

Die Findlingssetzung auf der Franzosenschanze in der Nordostecke des Möllner Wildparks steht als Gedenkstätte zur Erinnerung an den lauenburgischen Freiheitsdrang gegen die napoleonische Fremdherrschaft. Im Befreiungskrieg 1813 befand sich auf dieser natürlichen Erhebung eine französische Verteidigungsstellung. Sie war Teil einer Verteidigungslinie von Lauenburg bis zur Ostsee, die fast nur durch Seen und Wasserläufe

Sumpfporst

Touristen-Info
Info-Zentrum
Info-Tafel
Schutzhütte
Rastplatz
Badestelle
Gaststätte
Campingplatz
Kirche
Kapelle / Friedhof
Denkmal
Gutshaus, Herrenhaus
Museum
Windmühle
Wassermühle
Großsteingrab, Hügelgrab
Burgwall
Ausflugsschiff
sehensw. Baum
Storchennest
Aussichtsturm
Aussichtspunkt
Lankau
Lankauer See
Eiche
Gretenberge
Kalkkuhle
Ankersches
Spitzbubenberg
Schwarze Kuhle
Ziegel-
bruch
Revierförsterei Gretenberge
Kreisforst
Eichen
Marienwohlde
Marien-wohlder See
Vossberg
Farchau
13
„Storcheiche"
Pirschbach
Hohenholz
Stadtziegelei
45 m
mittelalterl. Landwehr
Eichen
Ratzeburger Str.
Schmilauer Str.
Sterleyer Str.
Stadt-
Waldhof
Jugend-herberge
See
Schul-see
Hege-see
forst
Möllner (Ziegelsee)
ZOB
Krankenhaus
Dorfstr.
Alt Mölln
Alte
Bundesstr.
Reha-Klinik
Franzosenschanze (spätmittelalterl. Burg)
Heide
Auf der
Naturparkhaus
Wildgehege
MÖLLN
14
Kreis-
Schmalsee
Berliner Str.
forst
Grambeker Weg
Wasserkrüger Weg
Gudower Weg
Massower Str.
Reha-Klinik
Lüttauer See
Farchau
Möllner Stadtforst
Wald-stadt
Grenze des Naturparks Lauenburgische Seen
sonstiger Wanderweg
Wanderwegmarkierungen
1 km

Pinnautal

gesichert war. Nur zwischen Mölln und Ratzeburg gab es diesen Schutz nicht, so daß künstliche Verteidigungswerke auf Höhen gebaut werden mußten. Im Befreiungskrieg kämpften das Lützower Freicorps und die Hanseatische Legion gegen die Franzosen, konnten hier aber keinen Sieg erringen. Zu Ehren eines berühmten Mitstreiters, des Turnvaters Jahn, wurde ein Stein am Südufer des Lüttauer Sees aufgestellt.

Erdgeschichte

Eingeschlossen von den hohen Bäumen im Möllner Wildpark liegt der Grundlose Kolk, ein Übergangsmoor mit Seggen- und Röhrichträndern, Torfmoosbülten und einer kleinen, offenen Wasserfläche, ein Relikt der letzten Eiszeit. Vor ca. 11000 Jahren, als die Gletscher schon abgeschmolzen waren, taute in einer Geländehohlform ein zurückgebliebener Toteisblock und ließ einen kleinen See zurück. Bedingt durch den sandigen Untergrund und den am Boden abgelagerten Humuseintrag von Laub- und Holzresten ist dieser See nährstoffarm, aber huminsäurereich. Der Grundlose Kolk veranschaulicht besonders gut die Verlandung eines nährstoffarmen Sees.

Eine Hauptattraktion im Wildpark ist der Findlingsgarten mit großen unterschiedlichen Gesteinen. Der zweitgrößte Stein (44,5 t) der Gegend steht hier (s. Erdgeschichte). Am Kiosk gibt es ein Heftchen dazu.

Pflanzenwelt

Auf den torfmoosbewachsenen Bülten und den tiefergelegenen Schlenken des Grundlosen Kolks wachsen Pflanzen, die sich an die extremen Standortbedingungen angepaßt haben. Scheidiges und Schmalblättriges Wollgras findet man neben Fieberklee und Sumpfblutauge. Die letzten Büschel des seltenen Sumpfporst ragen direkt neben der Brücke aus den Torfmoospolstern heraus. Im Juni erscheinen die Rosetten des Rundblättrigen Sonnentaus. Diese „fleischfressende“ Pflanze gleicht den Stickstoffmangel des Moorbodens durch den Fang von Insekten aus.

Tierleben

Der Möllner Wildpark, das bedeutet bewaldete Hänge, ein kleiner, mooriger See mit schwankenden, seggenbewachsenen Rändern – ein Stück heiler Natur direkt an der Stadt. Eingebunden in die vielfältige Landschaft mit unterschiedlichsten Geländeformen auf nur 24 ha Fläche liegen hier und da die großzügigen Gehege mit den heimischen Tieren: Wildschweine mit Frischlingen, Waschbären, brütende Uhus und andere Nachtgreife, sogar ein paar Fasane, Rebhühner und Haushühner für natur- und landwirtschaftsentwöhnte Städter. Fische, Muscheln und Schnecken gibt es in einem großen Aquarium und auch eine Auffangstation für verletzte Tiere. Beim Spaziergang kann man dem Damwild Auge in Auge gegenüberstehen, denn die Hälfte des Geländes ist Freilaufgehege für diese Tierart. Auf zwei Rundwegen lassen sich alle Stationen erreichen. Die Wegemarkierungen befinden sich auf großen Findlingen am Wegrand.

Tour 15
Rundwanderung durch das Hellbachtal

Anfahrt PKW von Mölln nach Lehmrade (Gudow), Ausschilderung Wanderparkplatz
Wanderstrecke und Profil ca. 6 km/2 Stunden, Höhenunterschied maximal 20 m
Orientierung s. Karte
Wegemarkierung Halbmond und X des Europawanderweges im Tal
Rast Bänke am Weg, Einkehr: Gaststätte Brand am Drüsensee

Ein Schmelzwasserstrom der letzten Eiszeit schuf den Talzug, zu dem man – dem Schild ‚Rundweg' folgend – hinabsteigt. Am Hang sieht man in ca. 6 m Höhe mehrere ‚Nistkästen' aufgehängt. Der schmale Schlitz am Boden verrät jedoch, daß sie nicht für die Vogelaufzucht geeignet sind, sondern Fledermäusen als Sommerquartier dienen. Unter stattlichen Fichten haben sich mehrere Ameisenhaufen angesiedelt. Am Talgrund angekommen, blickt man rechts auf den Drüsensee mit der Bismarckinsel, links auf Seitenmoränenhänge der letzten Eiszeit. In einem großen Bogen umgeht man ein Verlandungsgebiet im Süden des Drüsensees. Hier gibt es immer wieder Wasservögel zu beobachten, auch so seltene Exemplare wie den in Baumhöhlen brütenden Gänsesäger, der im Frühjahr oft eine beachtliche Schar von Jungen führt. Wo der Hellbach in den Drüsensee fließt, weitet sich ein Wiesental, das sogenannte Hellbachtal, das in großen Teilen aus der Bewirtschaftung herausgenommen ist.

Ein Abstecher nach rechts über eine kleine Brücke führt zu Adam und Eva, zwei eigenwillig miteinander verwachsenen Eichen. Jeder kann sich hier seinen eigenen Reim auf den Namen machen, aber folgen wir doch jetzt dem Hauptweg weiter. Umgeben von zum Teil noch bewirtschafteten Wiesen liegt klein und rundlich der Lottsee. Er hat eine starke Verlandungszone mit verschiedenen Seggen, Schilf und Sumpfiris. Im flachen Wasser wachsen Seerosen.

Der Waldweg führt gut ausgebaut nach Süden weiter. Während der kleine, kreisrunde Lottsee von Wiesen umgeben ist, liegt der düstere Schwarzsee mit seinem bräunlichen Moorwasser eingebettet in einen Kiefernwald. Um den moorigen Boden trockenen Fußes zu überwinden und den Pflanzengürtel am Ufer zu schonen, wurde eine Plattform am Seeufer gebaut. Man sieht keinen Grund, Drachenwurz und Seggen bilden einen gefährlichen Schwingrasenrand. In den Buchten wächst die seltenere Gelbe Teichrose oder Mummel. Dieser einsame Ort hinterläßt einen geheimnisvollen Eindruck.

Hier kann man gut umkehren, um dann am Lottsee rechts in den Hochwald einzubiegen. Nach kurzer Zeit erreicht man den Krebssee. Er ist auf allen Seiten von Wald umgeben und so klar, daß man vom Ufer bis auf den Grund sehen kann. In einem Quellhorizont, den man auf

einer kleinen Holzbrücke überquert, gibt es im Frühling seltene Frühblüher. Das klare Wasser des Sees und eine kleine Badebucht mit weißem Sand unter den alten Kiefern laden bei Sonnenschein und Wärme zu einem Bad ein. Niemand hat hier etwas gegen das Baden einzuwenden. Man sollte aber immer auf die Natur Rücksicht nehmen.

Ein steiler Weg nahe der Badestelle führt auf den Frachtweg, einen Nebenweg der Alten Salzstraße (s. Tour 3). Von hier gelangt man zwischen Waldrand und Magerrasenflächen zum Ausgangspunkt der Wanderung zurück. Diese Wanderung ist auch als Teil einer Fahrradtour von Mölln geeignet, da alle Wege gut ausgebaut sind. Nur die zu überwindenden Hänge am Südufer des Drüsensees und am Krebssee setzen einige Kraftanstrengungen voraus.

Kulturgeschichte

Das Hellbachtal war als siedlungsfernes, von Möllner Bauern extensiv bewirtschaftetes Grünland bis in die sechziger Jahre nahezu unberührt. Die Wiesen wurden hauptsächlich zur Gewinnung von Streu für die Ställe genutzt. Durch Grundwasserabsenkung wurde die Grünlandwirtschaft intensiviert, andere Teile sogar aufgeforstet. So wurden einst großflächige Röhrichte und Großseggenriede auf wenige Reste zurückgedrängt. Heute versucht man, diese Entwicklung rückgängig zu machen. Mäander (Bachschleifen) werden wieder geöffnet, Wasser neu aufgestaut und gedüngte Einheitswiesen wieder vernäßt. Langsam können sich alte Strukturen regenerieren. Am Lottsee kann man diese Bemühungen sehr gut erkennen. Hier liegen typische, gedüngte Löwenzahnwiesen direkt neben den wiedererstandenen Großseggenrieden.

Erdgeschichte

Das Hellbachtal, Endstück der Mölln-Gudower-Seenkette, wurde durch die Schmelzwasserströme der letzten Eiszeit geschaffen. Es ist ein Seitental des großen Stecknitz-Delvenau-Urstromtals. Als sich im Zuge des Niedertauens die Gletscherfront immer weiter nach Norden verlegte, blieben große Eisblöcke liegen, wurden von Schmelzwassersanden überdeckt und lange Zeit vor dem Abtauen geschützt. Hohlformen, in denen heute Seen liegen, entstanden so einst im Verlauf von Jahrhunderten. Aber nicht alle Seen dieser Kette sind Toteisseen, das zeigt schon ihre langgestreckte Form oder Tiefe. Der große Drüsensee (nur 7,8 m tief) wurde als Rinnensee unter dem Gletscher ausgespült, der Krebssee (über 25 m tief) ist ein Strudelsee und durch vom Gletscher herabstürzendes Tauwasser entstanden.

Aber nicht nur die Entstehungsgeschichte dieser Seen ist so unterschiedlich, eine ähnliche Vielfalt an Gewässertypen dürfte es auf so kleinem Raum auch sonst kaum geben. Da haben wir einmal den oligotrophen (nährstoffarmen), kalkreichen Krebssee mit einer geringen Ufervegetation und sehr klarem Wasser. Dieser Gewässertyp ist äußerst selten. Auch der Schwarzsee ist nährstoffarm, gehört aber mit seinem moorigen Wasser zu den dystrophen Braunwasserseen (huminsäurereich). Auch sein Vegetationsgürtel ist sehr schmal, und die Pflanzenzusammensetzung erinnert eher an einen Schwingrasen am Moorrand. Der Lottsee ist ein eutropher (nährstoffreicher) See mit einem breiten Verlandungsgürtel, der vom Rand aus langsam zuwächst. Vom Seerosengürtel über Röhricht und Großseggen bis zum Erlenbruch finden wir hier alle Übergangsformen einer charakteristischen Verlandung.

Pflanzenwelt

Die extensiv genutzten Wiesen werden einmal im Jahr gemäht, damit höhere Pflanzen wie Brennesseln und Disteln nicht niedrigere Arten überwuchern und mit ihren absterbenden Pflanzenteilen zudecken. Diese Maßnahme hat schon zur Vermehrung einiger seltener Feuchtwiesenpflanzen beigetragen, wie z.B. des Breitblättrigen Knabenkrautes und der Sumpfdotterblume. Einige Bachschleifen wurden renaturiert und mit Weiden bepflanzt, die einmal Kopfweiden werden sollen. Wenn im Sommer Orchideen und Wiesenschaumkraut ausgeblüht haben, findet man an ihrer Stelle Gilbweiderich, Blutweiderich und sehr schöne Exemplare der Sumpfkratzdistel.

Tierleben s. Einführung

Tour 16 Perlen im Naturpark: Gudower und Sarnekower See

Anfahrt
Pkw Landstraße Büchen-Gudow zum P südlich zwischen dem Gudower und dem Sarnekower See (links)
Wanderstrecke und Profil
6 km/2 Std. bei nur geringen Höhenunterschieden
Orientierung gute Wegemarkierung am Sarnekower See; rote Ente
Rast einige Bänke am Sarnekower See Einkehr: Gaststätten in Gudow

Große Wälder mit stattlichen Bäumen: Eichen, Fichten, Kiefern und Buchen – findet man hier im südwestlichen Waldgürtel des Naturparks Lauenburgische Seen. Der Gudower und der Sarnekower See bilden das Ende der Mölln-Gudower Seenkette und leiten über zu den offenen oder mit Kiefern bewachsenen ebenen Sanderflächen des Südkreises. Der große südliche Parkplatz an den Seen liegt von Büchen aus links am Waldrand, tief eingesenkt im Gelände, gut eingefügt in die nur leicht hügelige Landschaft. Nach Querung der Straße geht es rechts etwa 100 m einen asphaltierten Weg am Feldrand entlang bis zu einer Eisensperre. Gleich dahinter an der Gabelung führt ein schmaler Weg rechts in den Wald. Der Gudower See schimmert schon durch die Bäume. Die Bewirtschaftung des Mischwaldes ist naturnah, man findet viele abgestorbene Bäume mit Spechtlöchern und Pilzbewuchs und feuchte Erlenbrüche hier und da zwischen den höher gelegenen Standorten. Der Weg führt rechts am See entlang auf eine Eichenallee mit 500jährigen Eichen zu. Die mächtigen Bäume lassen sich nur von 3-4 Menschen umspannen und sind z.T. hohl oder haben abgestorbene Äste. Betreten der Allee auf eigene Gefahr! Eine sehr seltene Käferart, der Eremit, lebt im Mulm (Holzmehl) der hohlen Bäume.

Der Weg führt links über eine Brücke auf Herrenhaus und Park von Gudow zu. Der Hauptweg ist bald gesperrt, Besucher müssen rechts durch eine Rhododendronanlage den Gutsbereich verlassen. Die linke Lindenallee geht auf ein schmales Haus mit vielen Erkern zu, früher Hospital und Armenstift des Ortes. Links am Springbrunnen biegt man in einen Kopfsteinpflasterweg zwischen Park und Friedhofsmauer ab. Die Feldsteinkirche von Gudow gehört zu den ältesten in Norddeutschland (s. Kulturgeschichte). Über den Friedhof gelangt man zur Hauptstraße, der man links folgt. Die Pfarrscheune, ein gerade fertigrestauriertes Fachwerkhaus aus dem Jahr 1825, wurde wieder für Dorffeste und andere Veranstaltungen zum Leben erweckt.

Leider kann man nur im Winter direkt am Gudower See entlanggehen, im Sommer ist der Weg wegen des Campingplatzbetriebs geschlossen. Wer nicht an der Hauptstraße gehen will, kann ein Stück weit die

Kirche von Gudow

Parallelstraße „Am Segelhafen“ benutzen. Am Landgasthof Gudow (Hotel und Restaurant) vorbei geht es geradeaus in den „Mühlenweg“, die Gudower Mühle ist ausgeschildert. An der Gabelung führt der linke Weg weiter zum Sarnekower See, hier muß man noch einmal links abbiegen. Vor der verlandeten Bucht geht es am östlichen Seeufer zurück.

Beim Bootshaus muß man den mittleren Weg wählen. Er führt zwischen Wald und Hellbachtal am Ende durch eine alte Kiefermonokultur zum Parkplatz zurück.

Kulturgeschichte

Die Gudower Marienkirche, eine Feldsteinkirche, wurde um 1160 erbaut. Der älteste Teil ist der Altarraum. Der Bau mit den rundbogigen Fenstern und Portalen entspricht dem romanischen Stil um die Mitte des 12. Jh. und ist dem Grundriß mehrerer Kirchen, die unter dem Bischof Vizelin (1149 bis 1154) erbaut wurden, ähnlich. Es gibt verschiedene Hinweise, daß auch der Turm früher aus Feldsteinen aufgemauert war. Der neuere Holzturm stammt aus dem 17. Jh. Schon 1194 muß Gudow ein Bauerndorf mit einer Kirche gewesen sein. Es gibt eine Urkunde über Abgabenleistungen der Dörfer aus diesem Jahr, in der das Kirchspiel als „parochia Godowe“ erwähnt wird.

Der große, barocke, herunterziehbare Taufengel wurde 1635 für die Gudower Kirche angefertigt. Der geschnitzte Altar von 1410 stammt aus dem Kloster Lüne bei Lüneburg (s. Tour 1). Auch die Madonna auf dem Vollmond am Taufbecken aus gotländischem Marmor ist sehenswert. Die Gutsloge aus dem 17. Jh. ist für die von Bülows reserviert, die durch eine kleine Eisenpforte direkt vom Herrenhaus auf den Kirchhof gelangen.

Das Herrenhaus in Gudow wurde 1826 von dem bekannten Baumeister Joseph Christian Lilie in klassizistischem Stil erbaut. Wie die großflächige, gepflegte Parkanlage ist das Herrenhaus mit den Torhäusern nur von außen zu besichtigen. Die uralte Eichenallee führt im Süden nach Segrahn.

Erdgeschichte

Der Sarnekower und der Gudower See sind das Ende der Mölln-Gudower-Seenrinne, ein Seitental der Hauptschmelzwasserrinne von Stecknitz und Delvenau. Große Teile des Talzuges waren mit Toteis gefüllt und wurden beim Schmelzen des Gletschereises übersandet. Daher liegen einige Sanderflächen höher als die Oberfläche der Seen. Man nimmt an, daß beide Seen geologisch unterschiedlich entstanden sind. Der 18,5m tiefe Sarnekower See wurde wohl durch von der Gletscheroberfläche herabstürzende Schmelzwässer ausgekolkt (Strudelsee). Der nur 10m tiefe Gudower See wird als Toteissee angenommen mit folgender Entstehungsgeschichte: Als der Eisrand im Raum Segrahn-Mölln lag, befand sich bei der jetzigen Gudower Mühle ein Gletschertor, durch das die Hellbachtal-Senke nach Süden entwässerte. Sommerliches Schmelzwasser füllte eine ausgespülte Einsenkung, das beim erneuten Vorrücken des Eises gefror und unter Sanden lange Zeit konserviert wurde. Bei späterer Erwärmung taute das Eis auf, der bedeckende Sand stürzte ein, die alte Hohlform trat zutage und füllte sich mit Wasser.

Pflanzenkunde und Tierleben

Der breite Verlandungsstreifen des Sarnekower Sees mit Schilf, Schwertlilien und anderen Sumpf- und Wasserpflanzen zeigt, daß dieser kleinere See sehr nährstoffreich (eutroph) ist. Es gibt hier viele Fische und Wasservögel. Ab und zu fischen hier Kormorane aus den nordöstlich gelegenen Brutkolonien, oder Graureiher stehen still im Flachgewässer, um nach Beute zu stoßen.

Auf den Lichtungen wachsen Fingerhüte

Tour 17
Mit dem Fahrrad rund um den Elbe-Lübeck-Kanal

Anfahrt zur Fähre Siebeneichen

Bahn Bhf Büchen (dann mit dem Fahrrad am Kanal entlang nach Siebeneichen)

Pkw auf der Kreisstraße Büchen-Mölln zum P der Fähre am Kanal

Fahrstrecke und Profil

ca. 20 km/2 Std. bei nur geringen Höhenunterschieden

Orientierung

Wegtafeln mit Ausschilderung der Orte

Rast Delvenauhänge, Heidehänge bei Göttin, Einkehr: Gaststätten in Güster, Roseburg u. Siebeneichen

Dieses ist eine abwechslungsreiche Tour durch die Kanalniederung und auf den heidebewachsenen Talhängen, durch Wiesen und Weiden, aber auch waldreiche Gebiete.

Startpunkt für diese Rundfahrt ist das Dorf Siebeneichen. Nach der Umrundung der Kirche fährt man steil hinunter zum Kanal. Hier verkehrt vom 1.3.- 30.11. von 9.00 - 19.30 Uhr eine Seilfähre über das Wasser. Für nur 2-3 Personen auch mit Fahrrad wird aber das Seil nicht hochgezogen und der Motor nicht angeworfen. Mit einem kleinen Ruderboot und Muskelkraft geht es genausogut ans andere Ufer. (Im Winter muß man den diesseitigen Uferweg am Kanal benutzen und trifft dann bei Güster wieder auf die beschriebene Strecke.)

Ein Betonplattenweg führt am Campingplatz vorbei zu einer Wegegabelung. Hier geht es links weiter, ein geschnitztes Holzschild zeigt: Bergholz 4,3 km. An den bewaldeten Hängen der Delvenauschmelzwasserrinne geht es nach Osten, der Kanal macht hier eine große Schleife. Links liegen zum Wasser hin Wiesen und Weiden mit einer Pappelreihe direkt am Treidelweg, rechts Wald. Oberhalb des Hanges gibt es eine große Anzahl von ausgebeuteten Kiesgruben, die z.T. mit Wasser gefüllt sind, „Lebensräume aus zweiter Hand“ mit Magerrasen auf den nähr-stoffarmen Böden und seltenen Amphibien in den flachen Teichen.

Etwa 4 km hinter der Fähre biegt der Weg rechts ab, auf der Höhe geht es links weiter an einem Kiefernwäldchen entlang zum Herrenhaus von Bergholz. Im frühen 19. Jh. war es eine Schäferei (Heidewirtschaft) und wurde dann im Zuge der allgemeinen Aufforstungen zum Waldgut. Der breite Hofweg, eingerahmt mit weißen Steinen, führt zur Straße Büchen-Gudow, der man ca. 2 km links folgt. Man kann aber auch gleich in Bergholz links abbiegen und dem Hangweg westlich des Waldes folgen.

Durch das Landschaftsschutzgebiet fährt man links auf einem Sandweg nach Göttin, einem kleinen Dorf. Die Göttiner Heidehänge, ein Begriff für Pflanzen- und Insektenliebhaber (s. Pflanzenkunde, Tierleben), laden zu einer Rast ein. Am

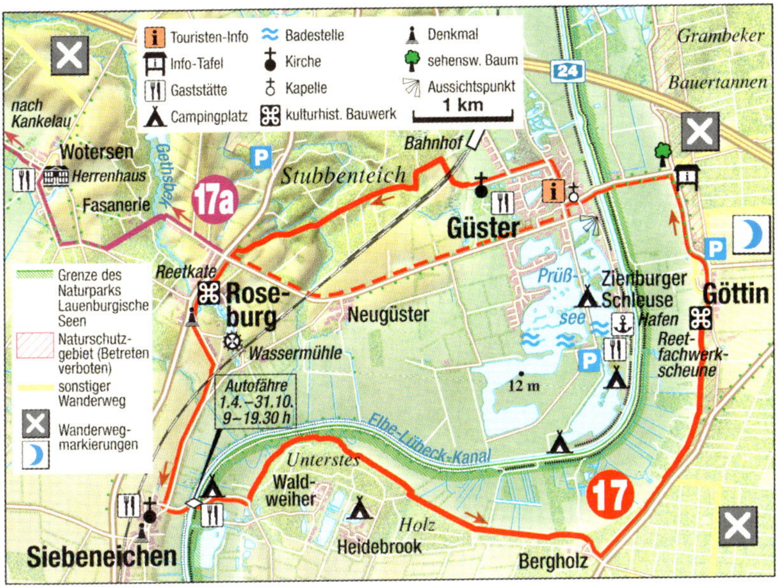

Hangende fährt man links durch die Lindenallee und auf einer schmalen Brücke mit Holzbelag (von 1900) über den Kanal nach Güster. Hier hat sich ein Ferien- und Freizeitzentrum entwickelt, nachdem durch Kiesabbau viele Seen entstanden waren. Badestellen und Campingplatz laden zum Verweilen ein. Die vielen Wochenendhäuser bilden ein Dorf für sich.

Der Europawanderweg X durch den Stubbenteich nach Roseburg ist sicher interessanter, man kann aber auch der Straße über Neugüster folgen (Radweg). In Roseburg geht es an der Bushaltestelle links zum Mühlenteich, an der eine alte Wassermühle von 1855 liegt. In der Galerie Ma(h)lwerk gibt es hier wechselnde Ausstellungen. Durch eine schmale Unterführung unter der Eisenbahnstrecke Lübeck-Lüneburg hindurch kommt man auf einem asphaltierten Wiesenweg mit Knicks rechts nach Siebeneichen zurück.

Kulturgeschichte

Siebeneichen ist ein typisches Angerdorf noch in der ursprünglichen Form. Auf einer großen Wiese oder dem Dorfplatz befinden sich bei diesen Dorftypen Dorfbrunnen oder -teich. Hier ist es die Kirche, rundherum liegen die großen Höfe der Bauern. Die spätbarocke Feldsteinkirche wurde 1753 erbaut. Statt des üblichen Wetterhahns ziert ein Fisch den Kirchturm. Vor der Kirche wachsen 7 Eichen um ein Denkmal. Das Kopfsteinpflaster rund um die Kirche und die Linden sind noch erhalten.

Kanalfähre bei Siebeneichen

Erdgeschichte
In der breiten Rinne der Delvenau setzten die Schmelzwasser der Eiszeit bis zu 18m dicke Sand- und Kiesschichten ab, die abgebaggert und auf dem Kanal als Baukies verschifft wurden. Die Kiesgruben sind jetzt weitgehend ausgebeutet und konnten sich zu einem Paradies entwikkeln, das im Siebeneichen-Fitzener Gebiet der Natur überlassen, in Güster als Ferienzentrum entwickelt wurde.

Pflanzenkunde
Die Göttiner Heidehänge, ein Begriff für Pflanzen- und Insektenliebhaber, laden zu einer Rast ein. Aber das Gebiet steht unter Naturschutz, und viele Wege dürfen in der Zeit vom 15.2. – 15.7. nicht betreten werden. Die Heidehänge werden von der Stiftung Herzogtum Lauenburg mit dem WWF und dem Botanischen Verein zu Hamburg mit den Umweltfreunden Gudow betreut. Zur Heideblüte lohnt ein Abstecher auf

den oberen Hangweg immer. Die Göttiner Hänge sind Reste der früher ausgedehnten Heidelandschaften, die von Mitteldeutschland bis an die Ostsee und an die Steilhänge der Elbe reichten.

In diesem Bereich konnte sich aufgrund der klimatischen Bedingungen eine besondere Form, die Wärmeheide, ausbilden, eine Übergangsgesellschaft zwischen atlantischer Ginsterheide und kontinentalen Magerrasen. Die Pflanzen dieser Heide haben hier oft ihre Verbreitungsgrenze.

Am Göttiner Hang wachsen atlantische Ginsterarten als gelb blühende Zwergsträucher neben der kontinentalen rosafarbenen Heidenelke, dem gelben behaarten Wundklee und der rosa blühenden Hauhechel.

Die Wiesenküchenschelle ist der Star unter den seltenen Pflanzen am Hang. Es gibt nur noch einen weiteren Standort dieser nickenden, dunkelviolett blühenden Art in Schleswig-Holstein, darum muß man auf den Wegen bleiben.

Tierleben

Die Lebensgemeinschaft der Heiden und Magerrasen an den Delvenauhängen beherbergt seltene Tierarten wie den Ameisenlöwen, die Larve der libellenähnlichen Ameisenjungfer. Er baut seinen Fangtrichter in den Sandboden und macht damit Jagd auf Ameisen, die, einmal in den Trichter gefallen, an den schrägen Wänden im lockeren Sand nicht wieder rauskriechen können und vom Ameisenlöwen, der am Grund lauert, gefressen werden.

17 a
Abstecher zu den „Guldenburgs“ nach Wotersen und Kankelau

Fahrstrecke zusätzlich etwa 10 km/1 Std.

Wenn man schon mal so nahe ist, sollte man von Roseburg aus einen Abstecher zum Herrenhaus nach Wotersen einplanen, Fernsehfreunden besser als Schloß Guldenburg bekannt. Zumindest die Außenaufnahmen wurden hier gedreht. So liest man auch auf der Ausschilderung in Roseburg das Wort Schloß statt Herrenhaus (als Werbeträger eben geeigneter). Eine Feldsteinmauer grenzt den Schloßpark zur Straße ab, die Tagelöhnerkaten rechts am Teich fallen zuerst ins Auge, links führt der Weg zum gelb angestrichenen dreiflügeligen Wohngebäude, wirklich wie ein Schloß mit Rasenflächen, rund geschnittenen Sträuchern und kleinen Statuen davor (s. Kulturgeschichte).

Durch die Gutsanlage hindurch fährt man nach Kankelau, einem noch vollständig erhaltenen Rundlingsdorf. Um den Brink, einen runden Grasplatz in der Mitte, liegen die Höfe sternförmig angeordnet mit Anschluß an die dahinter liegenden Felder und Wiesen. Besonders sehenswert sind die alten Feldsteinmauern und die Leineweberkate von 1651 (mittlerer Teil). In diesem noch in der ursprünglichen Form erhaltenen Gebäude wurde noch 1981 mit offenem Herdfeuer auf einem Schwibbogenherd (Doppelanlage) gekocht. Auch heute noch zieht der Rauch ohne Schornstein durch das Reetdach. Frau Schenkenberg zeigt Ihnen gern das Gebäude auch von innen und erklärt, wie man vor einigen 100 Jahren gelebt hat (Anmeldung angebracht). Auf dem gleichen Weg gelangt man nach Roseburg zurück.

Kulturgeschichte

Im 16. Jh. entwickelten sich die begrenzten Ritterburgen zu weitläufigen Gutshöfen. Durch die starke Zunahme der Bevölkerung wuchs die Nachfrage nach landwirtschaftlichen Produkten, so daß Landbesitzer ihren Grund und Boden vermehren konnten. Die Reformation ermöglichte auch den Verkauf von kirchlichem Land aus Bistümern und Klöstern an weltliche Herrn. In großen Betrieben wurden herrschaftliche Wohnbauten errichtet, die sog. Herrenhäuser, die in Anlage und Ausstattung den Schlössern nicht nachstanden.

Das barocke Herrenhaus von Wotersen, im Volksmund „Schloß" genannt, mit großem englischem Garten wurde von den von Bernstorffs im 18. Jh. errichtet. Die Anlage umfaßt mehr als 25 Gebäude vom Herrenhaus über Wirtschaftsgebäude (Haferscheune, Back- und Waschhaus, Schafstall, Kuhstall, Brauhaus etc.) bis zu den vielen kleinen Tagelöhnerhäusern am Teich. Das Herrenhaus kann nur von der Straße aus angesehen werden. Im Café (Wirtschaftshaus von 1721) gibt es Spezialitäten der Region, in der Haferscheune (von 1725) den bekannten Wotersener Christkindlmarkt, Konzerte des Schleswig-Holsteinfestivals, Jazz-Frühschoppen, Erntemärkte und ähnliche Veranstaltungen.

Das Herrenhaus, Schloß genannt, in Wotersen

Tour 18
„via regia" – die Straße unserer Vorfahren

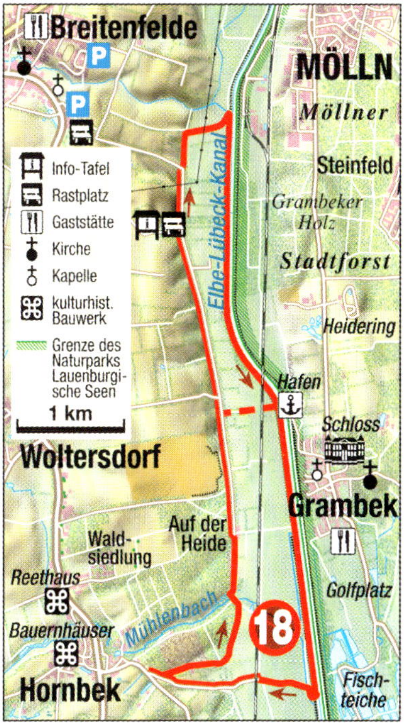

Anfahrt zum P nahe Hornbek

PKW Kreisstraße Büchen-Mölln, Kreuzung Hornbek in Richtung Güster zum P Alter Sportplatz 200m hinter der Kreuzung

Rad 4 km von Mölln dieselbe Streckenführung mit anderem Ausgangspunkt

Wanderstrecke und Profil
ca. 12 km/4, oder 6 km/2 Stunden

Orientierung
weiße Schilder mit Pfeilen

Rast Picknick-Plätze mit Regenschutz am Mühlenbach und im Breitenfelder Moor; Einkehr nicht direkt an der Strecke

Tip auch als Radtour möglich

Die Besiedelung eines Raumes ist auch immer mit der Geschichte der Wege und Straßen verbunden, mit denen das Gebiet erschlossen wurde und entferntere Gegenden erreicht werden konnten. Eine der berühmtesten Straßen dieser Region ist die via regia, eine Fernhandelsstraße, die Königin unter den Landstraßen im Mittelalter.

Die Wanderung beginnt in der Nähe von Hornbek an den westlichen Magerrasenhängen der Delvenau. Der sandige, an einigen Stellen mit breiten Banketten versehene Weg war vor Jahrhunderten die „Hauptstraße" der Region, die via regia, genutzt von Pilgern oder Handelsleuten mit ihren Planwagen, gut bewacht von berittenen Begleitern, denn im Mittelalter lebten viele der Adligen als Raubritter und lauerten den Reisenden an unzugänglichen Stellen auf. Oft hatten auch die Landesfürsten ihre Finger mit im Spiel und stockten mit den unlauteren Einnahmen ihr mageres Budget auf oder bedienten sich selbst, wenn die Kaufleute sie nicht für ihre Begleitdienste bezahlt hatten.

In der Niederung kreuzt die alte Straßenführung den Mühlenbach, Teil des Limes Saxoniae, einer Grenzbefestigung zwischen Sachsen und Slawen, die man sich nicht als Wall mit Palisaden und Wachtürmen vorstellen muß, wie den bekannten Limes zwischen Rhein und Donau, sondern als natürliche Grenze von Feuchtgebieten, Flüssen und Wäldern. Der Bach war Teil der Grenze zwischen beiden Stämmen, die von der Elbe bis an die Ostsee reichte.

Am Wegrand begleitet Heidevegetation den Wanderer oder Radfahrer. Die Wege sind sandig, aber fest. Der linksseitige Hang ist bewaldet, an den Feldern zum Kanal hin wächst ein artenreicher Knick. Man blickt in das breite Tal der Delvenau. Nahe am Bahnübergang liegt das Einzelhaus eines Eisenbahnliebhabers. Er hat so manches gute Stück von der Schranke bis zum Weichenkasten zur Freude der Vorübergehenden in seinem Garten aufgestellt. Hier kann man zum ersten Mal zum Kanal hin abbiegen und zurückgehen (ca. 6 km).

An der Gemarkungsgrenze zu Breitenfelde steht ein Granitstein mit dem Lübschen Adler und der Aufschrift: „Freie und Hansestadt Lübeck". Er erinnert an die Zeit, als das Gebiet an der Salzstraße mit dem halben Dorf Breitenfelde von 1359 bis 1747 an die reiche Hansestadt verpfändet wurde. Grund dafür war der permanente Geldmangel der Lauenburgischen Fürsten. Die Lübecker nutzten solche Stützpunkte, um den Handelsweg zu sichern.

Ganz in der Nähe auf der linken Seite befindet sich ein alter, aus Feldsteinen aufgesetzter Brunnen, aus dem die vor die Karren gespannten Pferde getränkt wurden. Das Pflaster auf zwei Wegstrecken ergänzt den Eindruck vom feuchten Boden, die Wege waren allerdings bis zum 18. Jh. ohne Belag. Kurz vor dem Priesterbach geht der Weg zum Elbe-Lübeck-Kanal hinunter auf den Treidelweg direkt am Wasser nach Süden. Schnurgerade zieht er sich durch die Landschaft und verbindet als „nasse Handelsstraße" die Elbe und den Ostseeraum miteinander. Kurz vor der Autobahn am Einlauf des Mühlenbachs in den Kanal geht rechts vor einem Haus ein schmaler Weg den Damm hinauf und durch Wiesen und Felder zum Parkplatz nach Hornbek zurück.

Andere Streckenführung

Bei Anfahrt von Mölln am Elbe-Lübeck-Kanal entlang wird am Wendepunkt der beschriebenen Tour begonnen oder der Parkplatz am Breitenfelder Friedhof genutzt.

Kulturgeschichte

Die „via regia" war wohl schon in grauer Vorzeit bevölkert. Zahlreiche Bodenfunde (Siedlungsstätten und Urnenfriedhöfe) beweisen, daß schon in der jüngeren und mittleren Steinzeit Menschen hier gelebt haben. Auf den frisch gepflügten Feldern findet sich noch so mancher Flintsteinabschlag von der Werkzeugherstellung der Steinzeitmenschen.

Als Handelsweg für den Bernstein von der Ostsee bis zum Mittelmeer mag diese Trasse auch gedient haben, obwohl die sogenannten „Bernsteinstraßen" wohl mehr hypothetische Handelswege waren. Ganz sicher haben die Jakobspilger die „via regia" als Pilgerstraße genutzt. Sie zogen von Lübeck nach Nord-

Die „Hauptstraße“ der Region, „die via regia“ (jenseitiges Ufer)

spanien, um Jakob von Compostela zu ehren, der der Sage nach dort begraben sein soll. Jakob (= Jakobus d. Ä.) war der Bruder von Johannes, ein Jünger Christi.

Als Salzhandelsstraße zur Ostsee kam sie erst zu Bedeutung, als die Lüneburger Saline um 956 in Betrieb genommen wurde. Das durch Verdunstung des Wassers aus der Sole gewonnene Salz wurde in Fässer gefüllt, nach Lübeck transportiert und als Konservierungsmittel besonders für Fisch mit den Hansekoggen im Ostseebereich verschifft. In sandigen Bereichen war die Straße breit und ausgefahren, in feuchten, moorigen Gebieten wurde Holz versenkt, damit die Handelswagen nicht einsanken. Gepflastert wurde hier erst viel später. Das Pflaster im nördlichen Bereich ist noch original, viele Teile wurden für Einfassungen und Grundmauern abgetragen.

Erdgeschichte

Der Elbe-Lübeck-Kanal verläuft hier im alten Bett des Stecknitz-Delvenau-Kanals, einer Schmelzwasserrinne, die schon im Tertiär als Vertiefung (Depression) ausgebildet war. Die abtauenden Gletscher entwässerten in diese Rinne die Urdelvenau nach Süden und verlängerten sie, je weiter das Eis nach Norden zurückwich. Als das Lübecker Bekken eisfrei wurde, floß ein Teil des Wassers von der Möllner Wasserscheide (Endmoränenhügel) aus nach Norden, es bildete sich ein zweiter Fluß, die Stecknitz. Im 14. Jh. wurden beide Flüsse durch einen Graben zum Stecknitz-Delvenau-Kanal verbunden.

Freie und Hansestadt Lübeck

Pflanzenkunde, Tierleben

Oberhalb der Delvenauniederung hat man die landwirtschaftliche Bearbeitung aufgegeben und eine Dauerbrache eingerichtet. So sind die schrägen Heidehänge düngerfrei, und die typische Vegetation der Sandböden kann sich regenerieren. Rechts liegt eine ausgediente Kippe für Hausabfälle, manche Gartenblume hat sich hier noch gehalten, aber die Heide holt sich ihren natürlichen Standort zurück. Das ist ein Paradies für Insekten: Hummeln, Bienen und Schwebfliegen auf den Blüten, Laufkäfer zwischen den Heidebülten – eine Vielfalt an Krabblern und Flugkünstlern.

Hohes Elbufer

Das Landschaftsschutzgebiet „Hohes Elbufer" gehört im eigentlichen Sinn nicht mehr zum Naturpark „Lauenburgische Seen", wird aber vom Tourismus mit eingebunden.

Die steilen Hänge zur Elbe, uneinnehmbar für Feinde, boten unseren Vorfahren sichere Siedlungsplätze auf den eiszeitlich entstandenen Hangterrassen, der Strom Nahrung und Fortkommen. So konnte sich hier im Mittelalter heute noch sichtbarer Wohlstand entwickeln. Selten liegen erlebbare Kultur und unberührte Natur so dicht beisammen wie am Lauenburger Elbhang.

Tour 19
Rundgang durch Lauenburg

Anfahrt
Bahn Lübeck-Lüneburg
Pkw B 5 Hamburg-Berlin, B 209 Lübeck–Lüneburg
Bus Linienbusse von Hamburg, Lübeck, Lüneburg und Boizenburg
Wanderstrecke und Profil 2 km/1 Std.; Höhenunterschiede maximal 45 m
Orientierung Plan von Lauenburg
Rast Fürstengarten od. Uferpromenade, Einkehr: zahlreiche Gaststätten und Restaurants in Lauenburg

„Hier ist es herrlich!" schrieb 1902 Erna M. über das Hohe Elbufer an ihre Freundin in Berlin. Man kann sich gut vorstellen, wie sie im Fürstengarten stand, tief unter sich den breiten Elbestrom, das weite, flache Vorland der Elbmarschen und in der Ferne die Höhen von Lüneburg, aber auch die mittelalterliche Stadt mit Fachwerkhäusern, Backsteinmauern und der alten Kirche, die wieder einen neuen Spitzturm erhalten hat. Lauenburg lohnt zu jeder Zeit einen Besuch, und den Rundweg durch die Stadt beginnt man am besten an der

1. Grotte im Fürstengarten mit dem Blick in die Weite der Flußlandschaft: Am Restaurant „Elbterrassen" vorbei links hinter dem Standesamt Lütau/Lauenburg führt ein asphaltierter Hohlweg, die Fährtreppe, unter einer Holzbrücke hindurch in die Unterstadt. Ein Stein erinnert an den Erbauer der „Lavenburg", Bernhard von Askanien (1181).
2. Rechts an der Elbstraße steht „Der Rufer", eine Bronzefigur von Karlheinz Goedtke. Er grüßt vor-

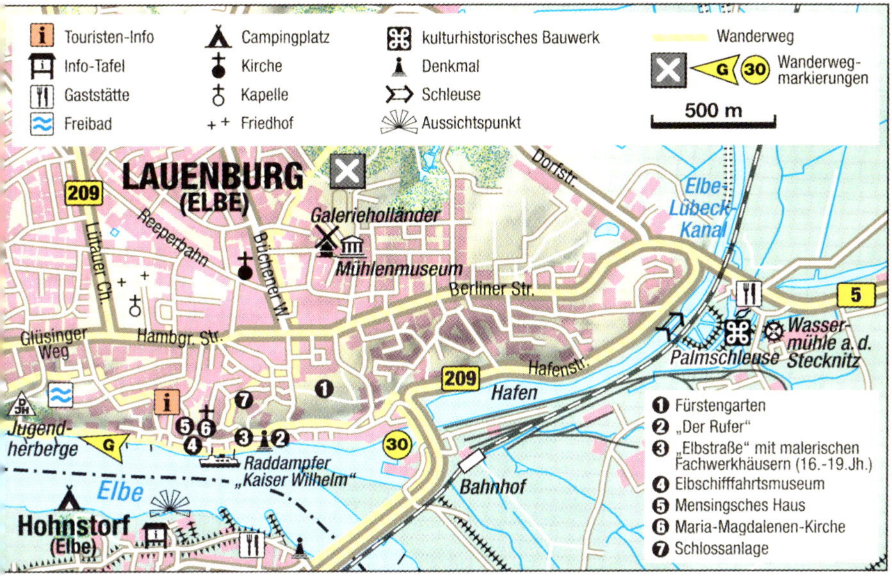

beifahrende Schiffe und Besucher, die mit der Weißen Elbeflotte im Sommer nach Scharnebeck zum Schiffshebewerk (38 m Höhenunterschied) oder die Elbe stromaufwärts fahren möchten. Bei Niedrigwasser ist die Uferpromenade ein beliebter Spazierweg, zu dem man am „Rufer“ oder auch bei den schmalen Twieten zwischen den Häusern hinabsteigen kann. Am Ufer liegt der Museumsdampfer „Kaiser Wilhelm“, einer der letzten kohlebefeuerten Schaufelraddampfer (Baujahr 1900).

3. Die Elbstraße mit ihren schönen, alten Fachwerkhäusern ist das Zentrum der Altstadt und war vom 16.–19. Jahrhundert Hauptgeschäftsstraße Lauenburgs. Viele Häuser stehen unter Denkmalschutz wie Nr.105, ein ehemaliges Brau- und Brennhaus von 1633. Es war ein Handels- und Kaufhaus mit aufwendiger Fachwerkhalle. Die Ausfachungen sind mit Steinen des 1616 abgebrannten Schlosses gemauert, die man den Hang hinabgeworfen hatte. 1794 wurde es für 300 Taler saniert und zu einem Wohnhaus umgebaut.
4. Rund um das Elbschiffahrtsmuseum liegen die ältesten Häuser aus dem 16. Jahrhundert, wie das Mensing'sche Haus von 1573 mit reicher Rosettenverzierung und einem vorstehenden Giebel (heute Kunstgewerbe). Das Museum, Lauenburgs altes Rathaus, bietet Interessantes über die Geschichte der Elbschiffahrt, die Nutzung des Stecknitz-Delvenau-Kanals für den Salztransport von Lüneburg nach Lübeck, mittelalterliches Leben mit Gilden und Zünften. Im Keller stehen noch funktionsfähige Dampfmaschinen und andere Schiffstechnik.
5. Hinter dem Mensing'schen Haus sollte man links einen kleinen Abstecher (ca. 150 m) in die Hunnenburg unternehmen, einen schmalen, kopfsteingepflasterten Gehweg zwischen Steinmauern und liebevoll gepflegten Gärtchen mit Häusern aus dem 17. Jahrhundert. Man kommt direkt auf die Drechslerei zu, heute Kunstwerkstatt mit Ausstellungen und Kursen.
6. Der Rückweg führt zum Portal der Maria-Magdalenen-Kirche, die 1227 zur Erinnerung an die Schlacht bei Bornhöved gebaut wurde, als die Lauenburger Herzöge mit den Holsten einen Sieg gegen die Dänen errangen. Im Innenraum befinden sich einige Kunstwerke wie der Orgelprospekt von 1625, mittelalterliche Leuchter und ein Totentanzbild von 1470. Lange wurde gestritten, ob man den im Krieg abgebrochenen Turm erneuern sollte. Heute ziert wieder ein Spitzturm die alte Kirche. Am Hohlen Weg, dem ehemaligen Burggraben, geht es bergauf, vorbei an kleinen, sorgfältig restaurierten Häusern mit schiefen Wänden. Vor dem Torbogen der Friedrichsbrücke führt eine Treppe rechts zum
7. Schloß hinauf. Wer noch nicht müde ist, sollte den alten Schloßturm bezwingen. Nur für Schwindelfreie sind die schmalen, ausge-

Blick vom Schloßplatz auf Kirche und Fluß

tretenen Holztreppen und -stiegen geeignet: auf halber Höhe das alte Turmuhrwerk, oben ein wunderbarer Ausblick, Vorsicht Kopf!, die Glocken hängen tief. Der Turm wurde 1477 vollendet und stellte für die damalige Zeit einen der modernsten Geschütztürme mit vier Schießscharten dar, uneinnehmbar auf dem Hügel mit über 2 Meter dicken Mauern. Im Untergeschoß gab es ein Verlies für Gefangene und eine Pulverkammer. Vom Schloß selbst blieb nach dem großen Brand nur ein Flügel übrig (heute als Amtsgericht genutzt). Tilly und Wallenstein waren 1627 hier zu Verhandlungen, später Wilhelm I. und Otto von Bismarck. Von der Schloßterrasse herab hat man einen weiteren schönen Ausblick, aber Vorsicht: Der Hang ist hier sehr steil, Absturzgefahr! Auf der Holzbrücke über die Schlucht kehrt man in den Fürstengarten zurück.

Weitere Tips zu Lauenburg:

Wenn Sie einen besonders schönen Blick auf die Altstadt genießen möchten, gönnen Sie sich eine Tasse Kaffee im „Hohnstorfer Fährhaus" auf der anderen Seite der Elbe in Hohnstorf. Auch einen Besuch bei der Palmschleuse an der B 5 Richtung Boizenburg sollte man einplanen. Sie ist die älteste erhaltene Kammerschleuse Nordeuropas, eine von 17 Schleusen des mittelalterlichen Stecknitz-Delvenau-Kanals, der die Elbe mit Lübeck verband.

Von den 6 Lauenburger Mühlen ist noch eine im Norden der Stadt erhalten. Sie ist heute lebendiges Museum, und man kann hier nicht nur etwas über die Arbeit und das Leben der Müller erfahren, sondern auch in der angeschlossenen Gastronomie köstlichen Butterkuchen genießen.

Kulturgeschichte

Das von slawischen Polaben besiedelte Land um Lauenburg wurde im 12. Jahrhundert germanisiert. Nachdem Heinrich der Löwe, Herzog von Sachsen und Bayern, geächtet worden war, wurden seine Reichslehen neu verteilt. Bernhard I. von Askanien, der Stammvater der Herzöge von Sachsen Lauenburg, errichtete

Geschützturm von 1477

als Nachfolger Heinrichs des Löwen 1182 bis 1183 angeblich aus Steinen der zerstörten Ertheneburg (s. Tour 20) seine neue Burg 4 km elbaufwärts. Die alte Burg hatte, auf hohem Geesthang gelegen, die Handelsstraße an der Elbfurt kontrolliert. Diese neue Burg lag auf schwer zugänglichem Gelände im Winkel von Elbsteilhang und Feuchtgebieten der Delvenau und war eher ein militärischer Stützpunkt. Der Name Lauenburgs stammt wohl von den Slawen, die 400 Jahre in diesem Gebiet lebten. Sie nannten die Elbe „Lave", so daß man Lauenburg als Burg an der Lave verstehen muß. Schon 1260 wurde Lauenburg Stadt.

Der beengte Siedlungsraum am Hang in den Schluchten und auf wenigen Plateaus war keine gute Voraussetzung für die Stadtentwicklung. Die alte Handelsstraße an der Ertheneburg blieb bestehen, und andere Wege endeten bei der neuen Burg. Erst im 17. Jahrhundert wurde der Postweg Hamburg–Berlin in Betrieb genommen und die Delvenauniederung überquert.

Eine große Bedeutung für die wirtschaftliche Entwicklung der Stadt hatte aber der Bau des Stecknitz-Delvenau-Kanals, der hauptsächlich für den Salztransport zur Ostsee genutzt wurde (s. Kulturgeschichte). Die Lübecker waren zwar für den Kanal, die Schleusen und Zölle zuständig, die Lauenburger hatten aber das Monopol für den Transport des Salzes. Auf dem 0,80 m tiefen Kanal konnten nur flachbödige Prahme auf einer Flutwelle flußabwärts gestakt oder flußaufwärts getreidelt werden. Die Salzkähne aus Lüneburg, die die Ilmenau herabsegelten, wurden am Lauenburger Packhof (am heutigen „Rufer") abgeladen, das Salz wurde hier in Fässer geschlagen und auf die Stecknitzprahme umgeladen.

Der entscheidende Aufschwung kam mit der Neuorientierung des europäischen Handels, als sich die Elbe zu einem wichtigen Transportweg entwickelte und über Hamburg der Handel mit Übersee und der Neuen Welt begann. Mit der zunehmenden Elbschiffahrt überflügelte Lauenburg im 16. Jahrhundert die übrigen Städte der Region. Die malerischen Fachwerkhäuser in der Altstadt mit ihren aufwendig geschnitzten Giebeln zeugen von dem blühenden Geschäftsleben und dem damit verbundenen Wohlstand vom 16. bis 19. Jh. Die Franzosenzeit (1803-13) brachte wirtschaftliche Rückschläge, und als Lauenburg nach den Befreiungskriegen an Dänemark fiel, kam es in eine ungünstige Randlage.

Erdgeschichte
Lauenburg liegt im südöstlichen Winkel zwischen dem Urstromtal der Elbe und der Delvenauniederung, einer breiten eiszeitlichen Schmelzwasserrinne. Der Elbhang fällt hier am Ende eines Altmoränenplateaus aus der mittleren Eiszeit steil über 40 m ab. Durch Erosion entstanden mehrere Schluchten, Böschungen und kleine Plateaus, die heute noch das Bild der Altstadt prägen.

Pflanzenkunde
Der Hang unterhalb des 1656 neu angelegten Fürstengartens und auch andere Hänge der Stadt stellen ein botanisches und kulturgeschichtliches Denkmal dar. Während der Fürstengarten selbst bis auf einen alten Ginkgobaum und die Felsengrotte verschwunden ist (heute fast nur noch Rasenflächen), haben sich hier viele aus alter Kultur verwilderte Frühlingsblumen erhalten. Einige von ihnen sind über 150 Jahre an diesen Standorten bekannt. Besonders auffällig sind dabei die Lauenburger Winterlinge, die für etwa 3 Wochen zwischen Februar und April den Frühling ankündigen. Elisabeth von Böhmen heiratete in das Askaniergeschlecht ein und soll die Winterlinge aus ihrer südöstlichen Heimat mitgebracht haben.

Es finden sich noch weitere Verwilderungen aus dem alten Fürstengarten an den Hängen wie Wildtulpen, mehrere Laucharten, Doldiger und Nickender Milchstern und Schneeglöckchen.

Tierleben s. Einführung

Raddampfer „Kaiser Wilhelm“

Tour 20
Auf dem Elbuferweg von Lauenburg nach Tesperhude

Anfahrt s. Tour 19
Wanderstrecken je nach Lust und Laune 4, 8 oder 11 km, maximal 3 1/2 Stunden
Höhenunterschiede bis 40 m
Orientierung s. Karte
Rast Innenhof der Ertheneburg mit wunderbarem Ausblick auf Elbe und Elbmarschen, andere Aussichtspunkte am Hang; Einkehr mehrere Gasthöfe am Weg
Rückfahrt von Tesperhude mit dem Bus zurück nach Lauenburg

Wenn die Elbe Hochwasser führt, helfen auch keine Gummistiefel, dann ist der Uferweg gesperrt. An der mächtigen Sperrmauer zeigt eine Hochwassermarkierung eindrucksvoll so manche Überflutung an. Aber es gibt noch zwei Wege am Hohen Elbufer entlang: den Oberleutnantsweg oberhalb des markanten Steilhangs mit vielen Aussichtspunkten auf Fluß und gegenüberliegendes Ufer und den Elbkamp, der etwas abseits liegt. In heißen Sommern wird man den Schatten unter den Bäumen am Oberleutnantsweg sicher vorziehen.

Wählt man den Uferweg (wenn möglich), hat man über sich den imposanten bewaldeten Steilhang mit den ausgewaschenen Wurzeln der Bäume, Steilwände mit Brutkolonien der Uferschwalben und efeubewachsene Stämme. Zum Wasser hin breitet sich ein Auwald mit verschiedenen Weidenarten aus, in dem viele Wasservögel vorkommen: im Winter Gäste aus dem Norden, im Sommer zahlreiche einheimische Brutvögel. Ein Abstecher über die stadtnahen Treppen und Wege zum zwischeneiszeitlichen Moor am Oberleutnantsweg sollte immer mit eingeplant werden. Hierher kommen Geologen und Geobotaniker aus aller Welt, um einen 70.000 Jahre alten Mooranschnitt am Hang zu untersuchen (s. Erdgeschichte). Eine tiefe Erosionsrinne unterhalb Glüsings weitet sich zur Elbe. Man kann auf der Wiese grillen, sich einfach nur ausruhen oder auch schon von hier aus auf einem anderen Weg zurückgehen (Wegstrecke hin und wie unten zurück 4 km).

Nach einer kurzen Wanderung durch den Wald erreicht man eine ausgebeutete Sandgrube. Durch ihre besonnte Lage und die Hangöffnung nach Süden hin ist sie idealer Lebensraum für Hautflügler und zeigt eine interessante Magerrasenvegetation. Kurz dahinter liegt die Ertheneburg, von der nur noch die Ringwälle aus Erde geblieben sind. Von der Burgfläche aus hat man einen einzigartigen Ausblick über Artlenburg mit seinem gedrungenen Kirchturm, den Elbeseitenkanal und die weite Elbmarsch. Man sollte hinter der Burganlage dem kopfsteingepflasterten Hohlweg hinab an die Elbe folgen. Hier spürt man einen Hauch der Geschichte, denn vor vielen hundert Jahren fuhren auf denselben Steinen mit Salz und anderen Gütern beladene Planwagen auf der „Alten Salzstraße“ durch die Elbfurt. Man hat hier eine weitere Möglichkeit, auf einem anderen Hangweg zurückzugehen (Wegstrecke hin + zurück 8 km).

Im „Alten Sandkrug“, der seit 900 Jahren besteht und damit das älteste Gasthaus nördlich der Elbe ist, konnten sich die Reisenden stärken. In den angrenzenden Ställen dürfte eine Station für den Pferdewechsel gewesen sein, auch Schlafstätten mit Strohsäcken befanden sich in einer solchen Unterkunft. Leider brannten die historischen Gebäude um 1900 ab. Heute kann man im neuerrichteten Gasthaus mit Blick auf den Elbstrom im Garten selbstgebackenen Kuchen genießen oder drinnen in alten Möbeln aus Großmutters Zeiten Familienfeste feiern.

Der Wanderweg führt nun an ausgedehnten Auwäldern mit kleinen Teichen und Seen voller Seerosen weiter, von oben hat man viele schöne Ausblicke. Etwa 1 km vor Tesperhude entfernt sich der Weg entlang einer Erosionsrinne vom Elbufer. An der Wegegabelung biegt man rechts vom Hauptweg ab, kreuzt nach steilem Anstieg einen weiteren Hauptweg (Stein mit Nr. 22) und geht geradeaus zum Parkplatz an der B 5. In der Avendorfer Heide, einem Waldstück jenseits der Bundesstraße, gibt es mehrere sehenswerte bronzezeitliche Gräber, wie das Totenhaus. Von Grünhof-Tesperhude fährt der Bus nach 11 km Wanderweg in die Lauenburger Innenstadt zurück.

Kulturgeschichte

Die Ertheneburg kontrollierte im 11. und 12. Jahrhundert die Furt über die Elbe, als man auf der alten via regia, der Königsstraße, damals das „weiße Gold“, das Salz aus den Salinen von Lüneburg, auf Planwagen

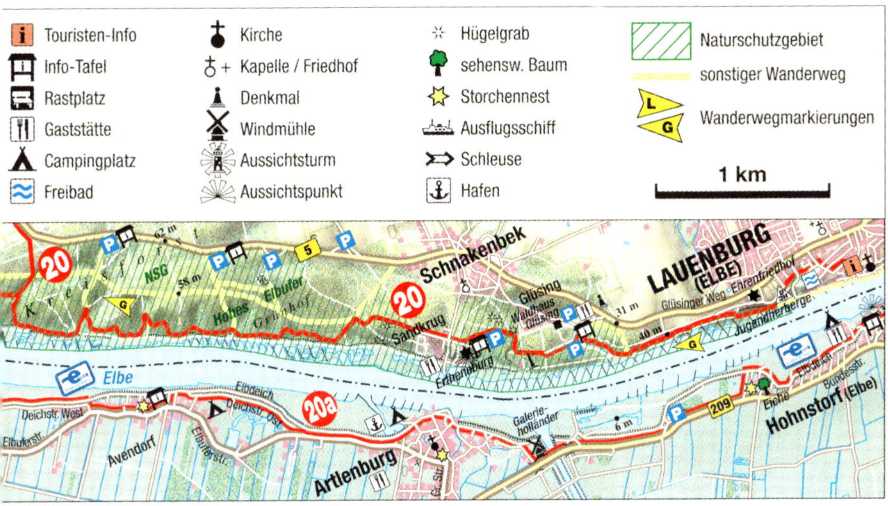

nach Norden zu den Städten an der Ostsee transportierte. 1026 wurde die Burganlage das erste Mal erwähnt als Erthiniburg, die „Erdene". Das bezieht sich sicher auf die 3,5 m hohen und 15 m breiten Erdringwälle, mit denen der Innenhof umgeben ist. Auf den Wällen muß man sich hölzerne Palisaden mit Türmen als Schutzmauern vorstellen. Heinrich der Löwe hat hier von 1056 an mehrere Landesversammlungen (colloquium provinciale) abgehalten. Ein Silberdenar mit seinen Zeichen und verschiedene Scherbenfunde aus dieser Zeit belegen, daß diese Anlage mit der geschichtlichen Ertheneburg identisch ist. Schon 1180 wurde sie von Heinrich dem Löwen selbst zerstört, der Handelsweg an ihrem Fuße in der Erosionsrinne blieb aber noch lange mit einer Zollstation erhalten.

Grünhof-Tesperhude liegt auf einem nach Süden geneigten Altmoränenplateau. Im Gemeindebereich gibt es mehrere bronzezeitliche Grabhügel und Urnenfelder unterschiedlicher Perioden, dabei ist eine Grabanlage, das sogenannte Totenhaus (nach der Bestattungsart zur Ilmenaukultur gehörend), besonders hervorzuheben. Über zwei Baumsägen, dem einer Frau und eines kleinen Kindes, war ein Pfostenbau errichtet worden. Er bestand aus 2 Reihen von Pfosten, die in einem Steinfußboden verkeilt waren. Den Fußboden hatte man sorgfältig mit Lehm verstrichen.

Während der Beisetzungszeremonie oder später wurde das Totenhaus abgebrannt und die Reste mit Erde überdeckt. Sowohl die Baumsärge als auch die Leichen verbrannten nicht vollständig, so daß viele Grabbeigaben erhalten geblieben sind. Totenhäuser mit Brandbestattungen sind im Norden der Lüneburger Heide nicht selten, es handelt sich bei den so bestatteten Toten immer um Frauen (wie hier auch manchmal mit Kindern). Um diese Totenbestattung rankt sich die älteste mündlich überlieferte Sage des Gebietes: „In dissen Barg hebbt in olen Tiden grote Füer brennt" (in diesem Berg haben in alten Zeiten große Feuer gebrannt).

Sandbiene

Erdgeschichte

Nach der 90 000 Jahre dauernden Saale-Vereisung und dem Abtauen der Gletscher begann die Eemzeit, eine Warmzeit, die 40 000 Jahre dauern sollte. Knochenfunde und Pollenanalysen zeigen, daß es damals wärmer war als heute. Der Meeresspiegel des Eemmeeres und die einfließenden Flüsse waren angestiegen, so daß auch die Nebenflüsse 30 m höher in die Urelbe einmündeten, so auch ein breiter von der Altmoräne im Norden kommender Fluß. Sein vertorftes Flußbett ist heute als „interglaziales Torflager“ am Elbhang vom Oberleutnantsweg aus zu sehen.

Pflanzenkunde

Von den über 1000 Pflanzenarten in Schleswig-Holstein und Mecklenburg kommen etwa 160 nur am Elbhang und in den Elbwiesen vor. Dafür gibt es mehrere Gründe. Einige Pflanzen haben hier ihre Verbreitungsgrenze, wie der mehr kontinentale Knorpellattich oder die eher atlantische Glockenheide (s. Pflanzenkunde), andere sind auf das Stromtal beschränkt, wie das Kreuzlabkraut, der Hirschsprung oder das noch seltenere Gottesgnadenkraut. Da die Hänge Südlage haben, kommen auch Pflanzen aus wärmeren Gegenden vor, wie der Weinbergslauch und die mehr mediterrane Osterluzei.

Tierleben

Am Sandhang nahe der Ertheneburg fliegen schon an einem warmen Apriltag die Sandbienen. Im Gegensatz zu unseren staatsbildenden Hausbienen leben sie solitär, d.h. einzeln in Kolonien. Sie bauen ihre Larvengänge in den Sandboden, tragen Pollen ein und legen Eier an den Nahrungsvorrat. Die heranwachsenden Bienenlarven ernähren sich ganz selbständig und brauchen keine weitere Pflege. Diese früh ausschlüpfenden Wildbienen sind auch wichtige Bestäuber unserer Obstbäume und anderer Kulturpflanzen.

Tour 20 a
Teilstrecke des Elberadwegs von Dresden nach Cuxhaven als Fahrradrundtour

(Fahrstrecke 43 km)

Start ist wie bei der vorigen Tour die Stadt Lauenburg. Zahlreiche Frühblüher begleiten den Radfahrer im Frühjahr unter den noch unbelaubten Bäumen, und man hat von der Höhe einen besonderen Blick auf die langsam dahinfließende Elbe.

Etwas entfernt vom Hang geht es um den Glüsinger Grund. Die gelben Schrägstriche an den Bäumen haben etwas mit der Waldwirtschaft zu tun. Hier werden Rückeschneisen für die schweren Fahrzeuge angezeigt, die nur hier zwischen den Bäumen fahren dürfen, damit der Boden nicht im gesamten Wald befahren und verdichtet wird. Kurz vor der Ertheneburg kommt man an eine Sandgrube mit Neuaufforstungen. Man kann sich anhand des Alters der Bäume in etwa vorstellen, wie lange die Grube außer Betrieb ist. Ein Stückchen Wanderdüne ist hier noch erhalten, mit einigen offenen Sandstellen, in denen die Sandbienen ihre Brutröhren angelegt haben. Gegenüber liegt Artlenburg mit dem gedrungenen Kirchturm und der Einfahrt des Elbeseitenkanals. Die Vegetation ist hier abgeschnitten, damit man in die Ferne sehen kann. Eine Tafel im Wald weist auf „Alt- und Totholz voller Leben“ hin. Der Rad- und Wanderweg führt hier wieder direkt ans

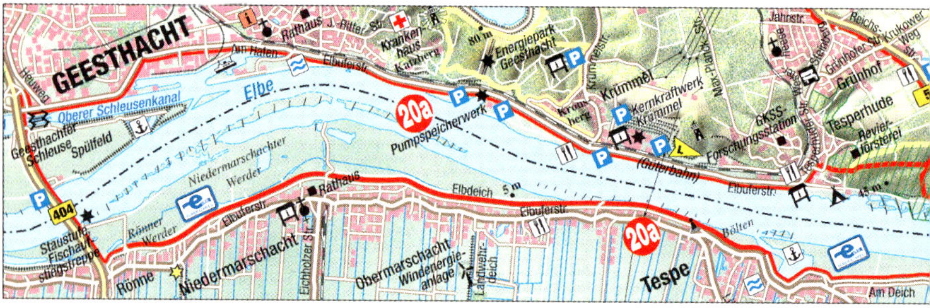

hohe Elbufer mit Blick auf den Fluß. Eine Erosionsrinne wird umfahren, eine der vielen, die in der Altmoräne von der Höhe zum Fluß hinabführen. Mischwald mit einer Vielzahl von Bäumen begleitet den Wanderer oder Radfahrer: heimische Kiefern, Schwarzpappeln (die Hybriden werden im NSG entfernt), Eichen und viele Buchen. Fichten, Douglasien und Lärchen sind von den Förstern in der Vergangenheit gepflanzt worden, werden in Zukunft im Naturschutzgebiet aber nicht weiter gefördert. Hier gibt es die Möglichkeit, zum unteren Wanderweg hinabzufahren, die man außer bei extremem Hochwasser auch nutzen sollte. Unter den knorzeligen Wurzeln zwischen Steilhang und Wasser fühlt man sich ganz mit der Natur verbunden. Bitte Rücksicht auf die Fußgänger nehmen, die hier auf dem engen Weg ein Vorrecht genießen sollten. Der obere Weg entfernt sich sehr von der Elbe, darum lieber am Campingplatz vorbei nach Tesperhude fahren. Aber auch der obere Weg, der an einer weiteren Erosionsrinne vorbeiführt, endet in diesem Ort.

Unten am Wasser gibt es verschiedene Möglichkeiten für eine Rast vom Imbiß bis zur gehobenen Gastronomie. Hier kann man die Seele baumeln lassen und einen Blick auf die Elbe genießen. Parallel zur B 5 geht es auf einem gut ausgebauten Radweg direkt nach Geesthacht. Vorbei am Kernkraftwerk Krümmel mit Einlaßbauwerk (Kühlwasser) direkt am Weg. Kurz dahinter fallen drei blaue Rohre am Berg auf, das ist der Energiepark Geesthacht, Strom aus Wasser, Wind und Sonne. Hier wird mit billigem Nachtstrom Wasser in das oberhalb gelegene Pumpspeicherbecken geleitet, das dann tagsüber in Stromstoßzeiten zusätzlich zur Stromerzeugung genutzt werden kann.

Das Pumpspeicherwerk erzeugt 3 x 40 000 KW, die Windkraftanlage 500 KW, das Solarfeld neben den Rohren 60 KW. Das Pumpspeicherwerk selbst wurde 1958 in Betrieb

Ausschilderung: Elbuferweg

genommen, es deckt die Lastspitzen für Hamburgs Stromverbrauch, max. 5 Stunden lang, 9 Stunden brauchen die Pumpen, um das Becken wieder aufzufüllen (3,3 Mill. m^3). Achtung: Am Schwimmbad den rechten Weg nehmen, der andere endet als langgestreckte Landzunge im Hafenbereich.

In Geesthacht geht der Weg durch das Industriegebiet bis zur Elbbrücke. Diese führt über die Staustufe Geesthacht, zuerst über eine Schleuse auf die Elbinsel, dann über die Staustufe selbst. Damit die Fische diese Anlage überwinden können, gibt es am südlichen Ende eine Fischtreppe. Am anderen Ufer liegt Rönne. Im Dorf nutzt man die Unterquerung unter der stark befahrenen Hauptstraße und gelangt auf den Elbdeich. Landeinwärts reiht sich Dorf an Dorf mit den liebevoll erhaltenen niedersächsischen Bauernhäusern, mit Obstgärten an den Gehöften und Pferden auf den Hauskoppeln. Man fährt immer auf Asphaltwegen direkt hinter der Deichkrone und teilt sich den Weg mit Fußgängern und Inlineskatern.

Hoch auf dem Berg über dem Kernkraftwerk – der Turm von Krümmel. Er gehörte zur Dynamitfabrik und soll saniert und einer neuen Nutzung zugeführt werden: als Mahnmal gegen den Krieg oder Denkmal für die erste Dynamitfabrik von Alfred Nobel, die hier bis zum Ende des 2. Weltkriegs betrieben wurde. Der 30 m hohe Wasserturm gehörte zur Nitrozellulosefabrik, einem Teil der Dynamit Nobel. Das gesamte Grundstück auf dem Berg ist als Industriedenkmal geplant.

Beim „Hohnstorfer Fährhaus“ muß man kurz der Dorfstraße nach Süden folgen, dann links in den Basedowsweg einbiegen und an der Hauptstraße entlang über die Eisenbahn- und Straßenbrücke nach Lauenburg zurückfahren. Im Sommer gibt es vom „Hohnstorfer Fährhaus“ zum „Rufer“ in der Lauenburger Altstadt einen kleinen Fährbetrieb für Personen und Fahrräder.

Schleuse bei Geesthacht

Tour 21
Zweimal Alte Salzstraße zwischen Kanal und Frachtweg

Anfahrt nach Büchen-Dorf
Bahn von Lüneburg und Lübeck, von Hamburg und Berlin (Bhf.Büchen)
Bus von Lüneburg und Lübeck
Pkw von Lauenburg, Mölln und Schwarzenbek nach Büchen; A 24 Abfahrt Hornbek
Wanderstrecke und Profil
8 km/3 Std., 10 km/3,5 Std. oder 14 km/5 Std. bzw. mit dem Fahrrad
Orientierung Am Kanal auf dem Treidelweg entlang, von Witzeeze bis zum Blasebusch auch auf dem Europawanderweg
Rast Bänke am Kanal und in der Feldmark; Einkehr: Gaststätten in den Orten

Auf diesem geschichtsträchtigen Rundweg begegnet man zweimal einem Teil der historischen Trasse der Alten Salzstraße. Das kleine Flüßchen Delvenau, das man bei Büchen-Dorf quert, ist der Überrest des Delvenau-Stecknitz-Kanals, auf dem das Lüneburger Salz mit flachen Prahmen nach Lübeck getreidelt wurde. Der Frachtweg am Blasebusch ist Teil des Landwegs, auf dem das Salz in Karren auf beschwerlichen Sandwegen transportiert wurde.

Der Rundweg (auch als Radtour geeignet) beginnt an der Priesterkate in Büchen-Dorf. Die Marienkirche gegenüber, aus dem Beginn des 13. Jh., war eine bekannte Wallfahrtskirche (s. Kulturgeschichte). Bevor die Straße nach Büchen den Elbe-Lübeck-Kanal quert, führt sie über einen Bach, der sich durch die Wiesen schlängelt, die Delvenau. Von der Büchener Schleuse an diesem alten Kanalteil ist nur noch der Grundbalken im Bachbett erhalten.

Vor der Brücke führt ein Weg links zum Lösch- und Ladeplatz am Elbe-Lübeck-Kanal. Während der Bauzeit des Kanals wurde hier Material angeliefert, später war er Büchens Umschlagplatz für Brennholz und Kohle. Hier steht der „Phönix aus der Asche“, eine Skulptur des Pötrauer Künstlers Ludwig Vöpel.

Im weiteren Verlauf des Weges kommt man unter der neuen Eisenbahnbrücke der Strecke Hamburg-Berlin hindurch. Hier raste schon vor dem 2. Weltkrieg der Fliegende Hamburger in etwa 2 Std. von Hamburg nach Berlin oder umgekehrt.

Kurz vor Witzeeze liegen mehrere ausgebeutete Kieskuhlen, heute ein Naherholungsgebiet mit Campingplatz. Ein Schleppkahn fährt durch die geöffneten Stemmtore in die Witzeezer Schleuse ein, eine von 7 fast baugleichen Schleusen des Elbe-Lübeck-Kanals. Wenn er keine Schiffe schleusen muß, erklärt der Schleusenmeister gern die Funktion der „Hotoppschen“ Schleuse. (Von dieser modernen Schleuse des Elbe-Lübeck-Kanals ist es nicht weit zur letzten Stauschleuse des Stecknitz-Delvenau-Kanals, der Dückerschleuse von 1789. Ein Abstecher am Ostufer des Kanals nach Süden führt

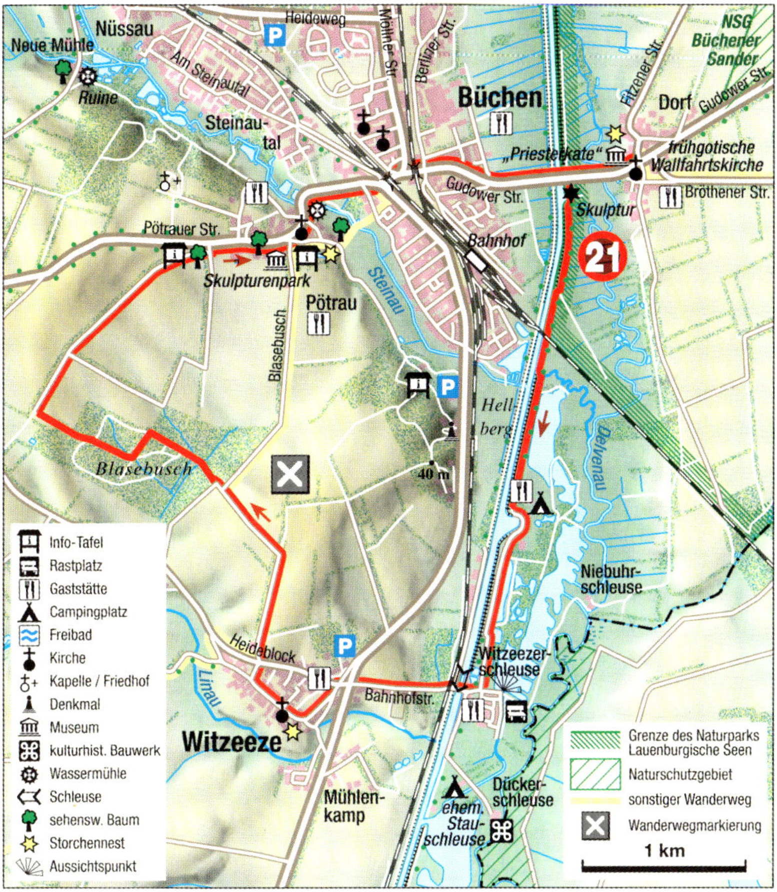

zum alten Schleusenmeisterhaus, das heute privat genutzt wird. Auf einem schmalen Steig mit einer Holzbrücke über die Delvenau gelangt man auf der mecklenburgischen Seite zur alten Schleuse (ausgeschildert). Auf demselben Weg gelangt man dann zur Kanalschleuse zurück.)

Der Kanal wird überquert, und jenseits der Brücke gibt es die erste Umkehrmöglichkeit am Westufer des Kanals zurück (ca. 8 km). Weiter auf der Haupttour lag gleich hinter den Schienen und einem kleinen Bruchwald im frühen Mittelalter das ursprünglich slawische Dorf Witzeeze, das sich heute etwas weiter westlich ausdehnt.

Der Weg durch die Dorfstraße auf Kopfsteinpflasterwegen mit den großen Höfen des typischen Straßendorfes und der Katharinenkapelle

Witzeeze von Süden mit der Katharinenkirche

von 1873 stellt schon eine Besonderheit dar, wurden doch sonst in fast allen Dörfern die Straßen asphaltiert. Mehrere Gebäude aus dem 17. Jh. sind, wie die zahlreichen Trockenmauern vor den Höfen, zu Kulturdenkmalen ernannt worden. An einer alten Schirmkiefer vorbei geht es auf einem asphaltierten Wirtschaftsweg zum Blasebusch, dem man vor dem Wald nach Pötrau durch die Feldflur folgen kann. (Dem alten Frachtweg der Salzfahrer begegnet man aber nur, wenn man durch den Wald hindurchgeht. Rechts kommt man dann auf historischer Trasse nach Pötrau, leider ist der Weg im Rahmen der Flurbereinigung asphaltiert worden.) Von Pötrau geht es nun an der Wassermühle vorbei in den Zentralort Büchen, der sich um den Bahnhof herum entwickelt hat. Unter den Eisenbahnbrücken führt der Weg schließlich nach Büchen-Dorf zurück.

Kulturgeschichte

Die Priesterkate in Büchen-Dorf ist das älteste landwirtschaftlich genutzte Bauwerk der Region. 1649, direkt nach dem 30jährigen Krieg, wurde sie dem Pastor mit 1 ha Land als Amts- und Wohnsitz verliehen. Das Gebäude ist ein niedersächsisches Fachhallenhaus mit Sackdiele (das Gelände dahinter fällt steil zum Tal ab). Erntewagen konnten hineinfahren und ihre Fracht abladen, das Getreide wurde hier gedroschen, die Tiere rechts und links in den Fächern untergebracht. Heute ist der Dielenteil in Lehmbauweise restauriert und wird kulturell genutzt. Auf dem Vorplatz steht ein Denkmal für Theodor Körner, den patriotischen Dichter der Freiheitsbewegung gegen Napoleon I., der am Vorabend seines Todes bei Gadebusch hier das Freiheitslied: „Ein Volk steht auf, der Sturm bricht los ...“ gedichtet hat.

Marienkirche gegenüber der Priesterkate: Ihr Marienschrein, in dem die wundertätige „Maria tor Boke“ (Maria zu Büchen) verwahrt wurde, steht noch in der Kirche, allerdings ist die Marienfigur (sie soll aus Gold gewesen sein) im 30jährigen Krieg verschwunden. An vier Markttagen im Jahr, wenn für die Menschen der umliegenden Dörfer ein Krammarkt abgehalten wurde, stand die Maria unter Bewachung auf dem Altar.

Zur Funktion der Stauschleusen: Hatte sich an den Toren genügend Wasser angesammelt und waren die Schleusentore unterhalb geschlossen, wurde die Schleuse an den sog. „Zapfeltagen“ geöffnet. Zunächst wurden die oberen Schüttbretter

Kanalschleuse bei Witzeeze

herausgezogen, und der erste Wasserschwall floß ab, dann erst konnte man die Torflügel öffnen und auf der Wasserwelle bis zur nächsten Schleuse fahren (durch das Wasser wurden auch die umliegenden Wiesen regelmäßig überschwemmt). Die unten wartenden Prahme mußten dann gegen den Strom durch die Schleuse gezogen werden, bevor man die Tore wieder verschloß. Diese einfachen Stauschleusen konnten nicht durch die damals schon bekannten Kammerschleusen ersetzt werden, da die Kanalabschnitte nicht eben waren und unterhalb der Schleuse leerliefen, daher auch das Öffnen der Schüttbretter vor dem eigentlichen Schleusvorgang.

Erdgeschichte

Die Kiesablagerungen vor Witzeeze entstanden vor etwa 15 000 Jahren, als die Gletscher der letzten Eiszeit abtauten und vor den Endmoränen Schwemmfelder mit Sanden und Kiesen ablagerten. In den 60er Jahren wurde der Kies abgebaut. Durch das hoch anstehende Grundwasser und das Wasser der umgeleiteten Delvenau entstanden reizvolle Seen und Tümpel. Am Wegrand findet man immer wieder Lesesteinhaufen, die die Landwirte von ihren Äckern zusammengetragen haben. Abends sitzen hier Insekten und Eidechsen und genießen die gespeicherte Wärme des Tages. Farbe und Aufbau verraten ihre skandinavische Herkunft, denn alle Gesteine wurden mit den Gletschern hierhertransportiert. Besonders nach einem Regenguß, wenn der Staub abgespült wurde, unterscheidet man den hellgrauen Granit aus der Gegend von Stockholm, den mehr rötlichgelben Sala-Granit, Porphyre aus Dalarne rötlich oder braun mit den typischen erbsengroßen Einsprengseln, den fast schwarzen Basalt aus Schonen u.v.a. mehr.

Auch ihre Form verrät etwas über die erdgeschichtlichen Vorgänge: Abgerundete, kleinere Steine wurden oft unter dem Gletscher in der

Grundmoräne mittransportiert und abgeschliffen, größere an der Gletscherfront mitgerollt. Aber man findet auch oft, gerade im südlichen Teil auf den Altmoränenhängen, kantig geschliffene Findlinge mit 1 bis 2 Kanten (Firstkanter) oder 3 und mehr (Pyramidenkanter). Sie erzählen von den kalt-trockenen Winden, die nach dem Abtauen der Gletscher über die pflanzenleeren Flächen fegten und die eiszeitlichen Sande wie mit einem Sandstrahlgebläse über die Steine trieben, so daß sie diese mattglänzenden Flächen erhielten.

Pflanzenkunde

Die Flächenstillegungsprogramme der Europäischen Gemeinschaft bewirken ein Anwachsen von Brachen in der Agrarlandschaft. Die Entwicklung der Vegetation hängt vom Boden, dem Samenpotential (manche Samen können mehr als 40 Jahre im Boden ruhen) und dem Bewuchs der Umgebung ab. Die Artenzusammensetzung wechselt sehr schnell. So dominieren in den ersten beiden Jahren Ackerwildkräuter wie Kamille, Klatschmohn, Kornblume und Stiefmütterchen. Es folgen die ausdauernden, mehrjährigen Arten wie Rainfarn, Beifuß und Gräser. Moose und Flechten siedeln sich an. Solche Ackerbrachen sind die artenreichsten Flächen in der Kulturlandschaft, solange sie baumfrei gehalten werden.

Tierleben

Landwirtschaftlich genutzte Flächen bieten nur wenig Tieren einen Lebensraum. In der durchgehend vorhandenen Pflanzendecke der Brache aber entwickeln sich das ganze Jahr unterschiedliche Strukturen, so daß die Artenzahl auf mehr als das Zehnfache verglichen mit Acker und Wiese ansteigen kann. Besonders auffällig ist das Insektenleben auf den Blüten.

Eine solche Brache ist aber nicht nur ein Eldorado für Schmetterlinge und Käfer, in den offenen Sandflächen, die sich im Sommer auf über 50 °C aufheizen können, bauen z.B. Solitärbienen und Sandwespen ihre unterirdischen Röhren und ziehen darin den Nachwuchs auf.

Lebensgemeinschaften aus 2. Hand - die Kiesgruben

Im Biosphärenreservat Schaalsee

Die menschenfeindliche innerdeutsche Grenze mit Todesstreifen, Minenfeldern und Streckmetallzäunen schloß fast jegliches Betreten der Gebiete nahe der jetzigen Landesgrenze zwischen Mecklenburg-Vorpommern und Schleswig-Holstein aus. Zu den hermetisch abgeschlossenen Bereichen hatten nur wenige Menschen wie Landwirte und Forstleute Zutritt und das auch nur unter strenger Bewachung. Erstmals nach Jahrzehnten wurden im November 1989 die abgesperrten Flächen wieder zugänglich. Damit standen auf der mecklenburgischen Seite der ehemaligen Grenze wieder die Bereiche zur Verfügung, die vor dem Krieg bevorzugte Erholungs- und Wanderziele für die Städter aus Hamburg, Lübeck und Schwerin waren. Noch im letzten Jahr der DDR-Regierung wurde großräumig das östliche Schaalseegebiet, das sich über 40 Jahre fast ohne den Menschen als Refugium für seltene Pflanzen- und Tierarten entwickeln konnte, unter Schutz gestellt, es entstand 1990 der Naturpark Schaalsee als letztes positives Erbe der DDR. Seit 1998 ist dieses 302,6 km² große Gebiet als Biosphärenreservat ausgewiesen, ein Lebensraum, in dem die seltene Natur bewahrt werden soll. Biosphärenreservate werden von der UNESCO im Rahmen des Programms „Der Mensch und die Biosphäre“ aufgebaut (s. Naturschutz und Fremdenverkehr).

In den vergangenen Jahren haben das Amt für das Biosphärenreservat und der Förderverein Biosphäre Schaalsee e.V. zahlreiche Rad- und Wanderrouten ausgewiesen und beschildert. Dabei wurde die Versiegelung der Wege weitgehend vermieden. So wandert oder radelt man auf Pfaden, die vorwiegend alten Feld- und Wirtschaftswegen folgen oder sich auf den früheren Grenztrassen gebildet haben. Sie sind nicht immer bequem, doch bieten sie in unserer bewegungsarmen Zeit einen wertvollen Ausgleich zum stundenlangen Fahren mit dem Auto auf oft überfüllten Straßen.

Die Seen- und Hügellandschaft der Schaalseeregion wurde in der letzten Eiszeit, der Weichseleiszeit, vor etwa 12 000 Jahren geschaffen. Das Schmelzwasser der Gletscher hinterließ Abflußrinnen, Grundmoränen- und Strudelseen, wie den Schaalsee mit einer Tiefe bis zu 71,5 m. Durch seine unterschiedlichen Buchten, Inseln und Werder zeigt schon der See selbst eine Vielfalt. Jede Bucht sieht anders aus, so daß jede einen eigenen Namen bekommen hat, wie z.B. Borgsee, Lassahner See, Techiner See. Die Umgebung ist flachkuppiges und welliges Jungmoränengebiet mit Höhenzügen bis 100 m. Teils sind es Endmoränenzüge, aber auch seltene bahndammähnliche Strukturen in Nord-Südrichtung, wie die Oser (s. Erdgeschichte).

Tour 22
Vom Informationszentrum Pahlhuus nach Schaliß

Anfahrt nach Zarrentin
Bus Schienenersatzverkehr von Hagenow Bahnhof
Pkw A 24 Abfahrt Zarrentin, von Ratzeburg, Gudow und Wittenburg
Wanderstrecke und Profil
bis Schaliß gut 2 km und zurück, über Bantin und Schaalmühle als Rundweg ca. 8 km
kaum Höhenunterschiede
Orientierung
Tour B: blau, Erweiterung: weinrot
Einkehr: Cafés, Gaststätten und Imbiß in Zarrentin

Das Pahlhuus bietet sich als Beginn einer Wanderung an, bekommt man doch in diesem Zentrum im Sommer ab 9.00 Uhr, im Winter ab 10.00 Uhr Informationen über die von den Eiszeiten geformte Naturlandschaft, aber auch über die vom Menschen geschaffene Kulturlandschaft, ehe man sich auf den Weg begibt.

Direkt hinter dem Pahlhuus über ein paar Treppen erreichbar, beginnt der 800 m lange Pfad durch das interessante Kalkflachmoor. Auf einem Bohlenweg kann man das Feuchtgebiet trockenen Fußes durchqueren. Tafeln erklären, wie sich dieser seltene Moortyp entwickelt hat, wie dieser besondere Kalk (die Seekreide) genutzt wurde und welche Spezialisten aus der Pflanzen- und Tierwelt hier leben. Am Ende des Moores rechts kommt man durch ein Wiesengelände mit Erlenbruchsaum an die Schaale. Sie entspringt im See und fließt über die Sude im Süden in die Elbe. Stellen Sie sich auf die Brücke, und blicken Sie ins Wasser. Weißliche Kalkablagerungen gibt es auch hier. Daß dieses Flüßchen einmal eine bedeutende Wasserstraße war, ein Handelsweg für Salz und andere Güter, aber auch ein Transportweg für Holz zur Saline in Lüneburg, kann man nicht einmal mehr erahnen (s. Tour 25).

Jenseits des Wassers beginnt ein Bruchwald mit einer artenreichen Strauchschicht. An der folgenden Kreuzung geht es rechts zum Waldlehrpfad. Hier liegen mehr als 20 bronzezeitliche Hügelgräber etwas versteckt unter den dichten Kiefern. Wir aber biegen links ab nach Schaliß. Das „Baumstammtelefon“ zeigt, wie gut so ein Stamm den Schall leitet. Ein leichtes Kratzen an einem Ende ist sehr gut am anderen zu hören. So geht es auch dem Eichhörnchen, wenn ihm sein natürlicher Feind, der Baummarder, nachstellt.

Am Ende des Waldes beginnt ein sandiger Weg, mit einer Böschung, die mit typischem Magerrasen bewachsen ist. Links liegen schilfige Feuchtwiesen, die in das Schaalseeufer übergehen. An der Badestelle hat man einen wunderschönen Blick über den Schaalsee auf die Stadt Zarrentin, Kloster und Kirche. Am letzten Haus von Schaliß versperrt ein Gatter den Weg. Nicht nur die bösartigen Bullen (Warnung am Tor) sind der Grund, daß man hier nicht

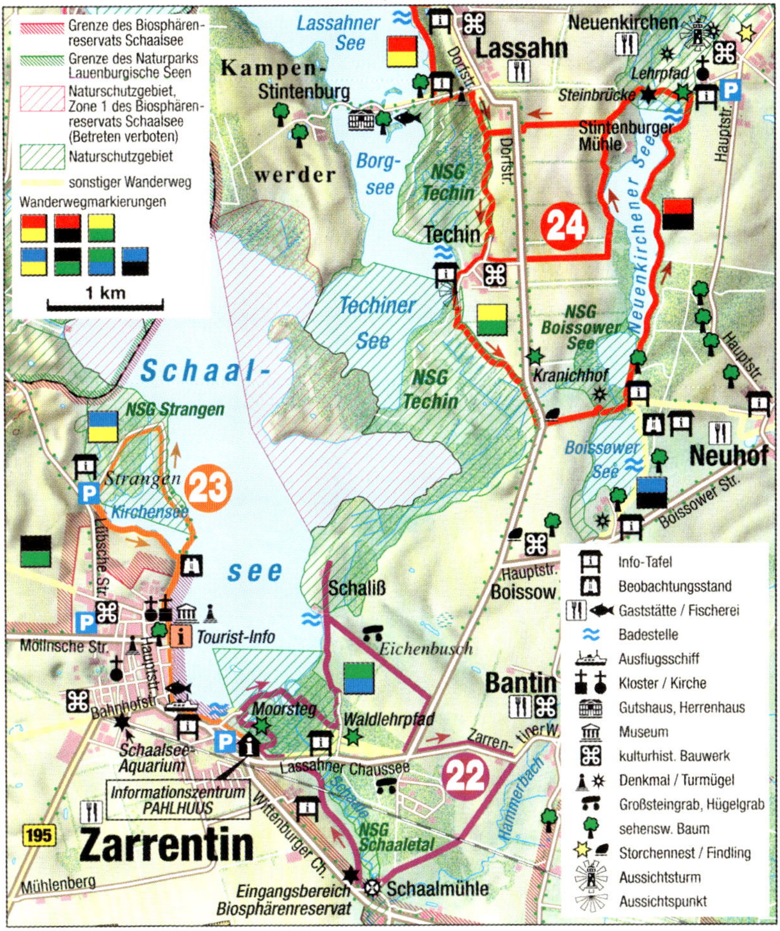

weitergehen darf. Hier beginnt das Naturschutzgebiet und hinter der Wiese die Kernzone (Schutzgebiet 1 des Biosphärenreservats). Also geht es zurück, entweder denselben Weg bis zum Parkplatz am Pahlhuus oder an der Badestelle rechts bis zur Straße Zarrentin–Lassahn, der Weg ist von einer Hecke gesäumt und führt in ein Hainbuchenwäldchen. Neben vielen Hügelgräbern zeugen unzählige Feuersteinsplitter von reger Handwerksarbeit in damaliger Zeit. Im Frühjahr sind sie von Maiglöckchen überwachsen. Ein Stückchen muß man der Straße nach rechts folgen, um nahe der Kreuzung wieder rechts in den Wald einzubiegen. An der Schaale trifft man auf den gewohnten Weg.

Für ausdauerndere Wanderer bietet sich der Umweg über Bantin und die Schaalmühle an. Von der Lassahner Straße geht es links durch die Felder bis zu den ersten Häusern von Bantin. Nach rechts ist der Weg zur Schaalmühle ausgeschildert. Das Mühlengehöft wurde bereits im 16. Jh. erwähnt und die Mühle bis 1970 betrieben. Hier wird die Schaale in zwei Arme geteilt. Das Hauptwasser wird unter dem Mühlengebäude hindurchgeleitet und treibt eine Turbine, das Flüßchen selbst, ein Stückchen weiter links Richtung Hauptstraße gelegen, ist kaum mehr als solches zu erkennen. Wir gehen am Haupthaus rechts vorbei, an der Schaale entlang zum Pahlhuus zurück.

Kulturgeschichte

Das Pahlhuus (Pfahlhaus) wurde 1998 als Informationszentrum des Biosphärenreservats Schaalsee eröffnet. Auch die Untere Naturschutzbehörde ist hier untergebracht. Daß das Gebäude auf Pfähle gestellt wurde, liegt am Untergrund. So ungewöhnlich ist diese Bauweise auch wieder nicht, hat man doch in vielen moorigen Gebieten früher Häuser auf Pfählen gebaut. In der Nähe der kleinen Insel Möwenburg (s.u.) fand man Reste eines solchen Hauses. Eine Dauerausstellung im Gebäude zeigt den Wandel in der Landschaft. Von den Eiszeiten, die die Oberfläche formten und die Seen entstehen ließen, bis zu den Menschen, die die Kulturlandschaft entwickelten, reicht das Spektrum der Exponate. In einer Tonbildschau bekommt man Einblicke in das Tier- und Pflanzenleben zu Lande und im Wasser, auf Monitoren kann man sich auf der oberen Plattform Filme ansehen. Information, Bildung und Unterhaltung, diese Aufgaben hat sich das Zentrum auf Pfählen gestellt. Gruppen oder Schulklassen können mit der Naturwacht Projekt- oder Wandertage durchführen. Freundliche Mitarbeiter geben gerne Auskünfte.

Um 1900 wurde die Seekreide (s.u.) bergmännisch abgebaut, das sind die wassergefüllten Gruben im Kalkflachmoor. Man nutzte sie als Baustoff (Brandkalk) und bis 1961 auch als Düngekalk für die Felder. Bis zum 2. Weltkrieg wurde die harte Binsenschneide (Cladium mariscus) als Einstreu für das Vieh gemäht. Sogar Torf aus der nur wenig mächtigen Deckschicht über der Kreide wurde abgebaut und zum Brennen genutzt.

Die Schaalmühle ist eine von mehreren Mühlen an Schaale und Schilde, aber die einzige, die noch vollständig erhalten ist. Für diese Mühlen wurde eine Abzweigung im Fluß gebaut, ein sog. Umlauf, dem Fluß selbst wurde dabei fast alles Wasser zum Antrieb der Mühlenräder entzogen. Diese Mühlen mahlten hauptsächlich Getreide zu Mehl, Schrot oder Graupen. Noch 1980 stellte sie das Schrot für die LPG bei Zarrentin her. In dieser Mühle wurde außerdem Öl aus fetthaltigen Samen ausgepreßt, sie war daher auch eine Ölmühle. In der Nähe gab es im Mittelalter eine Walkmühle, von der allerdings nichts mehr erhalten ist. Hier wurden Wollstoffe im Wasser

Steg bei Schaliß

„geknetet", um Filze herzustellen. (Schaalfahrt: s. Tour 25)

Erdgeschichte

Die Gletscher der letzten Eiszeit brachten kalkhaltiges Gestein und Erde, die unter dem Gletschereis zermahlen und in der Grundmoräne abgelagert wurden, aus dem Norden mit sich. Kalkiges Wasser wurde durch Quellen und starke Regengüsse in den See gespült. In diesen Gewässern kommt die Armleuchteralge Chara vor, die den doppeltkohlensauren Kalk im Wasser in Kohlensäure (zur Assimilation) und Kalk zersetzt. Dieser Kalk ist schwer löslich und überzieht die Pflanze mit einem weißlichgrauen Belag. Oft trägt eine Pflanze mehr Kalk als das eigene Gewicht. Stirbt sie im Winter, lagert sich der Kalk am Boden ab. So kommt Schicht auf Schicht. Die Mächtigkeit der Schichten im Kalkflachmoor bei Zarrentin reicht bis zu 5 m. Die Binsenschneide mit ihren starren, sich schwer zersetzenden Blättern ist ein aktiver Torfbildner, Jahr für Jahr wächst so die Torfschicht auf der Seekreide, die Wassertiefe nimmt ab. An den Rändern entwickelt sich ein Birken-Erlenbruchwald, in dem eine starke Nährstoffanreicherung stattfindet. Dieser Wald wird den Moorkörper weiter einengen.

Pflanzenwelt

Kalkmoore sind seltene, stickstoffarme Extremstandorte, darum sind die Pflanzen, die hier wachsen, auch nicht häufig. Viele stehen in der Roten Liste, d.h., sie sind gefährdet oder sogar vom Aussterben bedroht. Auch eine sog. FFH Pflanze (Flora Fauna Habitat = Europäischer Schutzstatus) gibt es im Moor. Außer der seltenen Binsenschneide, die in diesem Ausmaß in Norddeutschland selten ist, gibt es 4 Orchideenarten: Breitblättriges und Steifblättriges Knabenkraut, Sumpfsitter und Sumpfglanzorchis. Sumpfherzblatt, Hirsen- und Gelbsegge und Sumpfblutauge sind weitere seltene, gefährdete Arten.

In den Stichgräben kann man hier und da noch die seekreidebildende Armleuchteralge Chara entdecken, die den Kalk aus dem milchigen Wasser abspaltet.

Zarrentiner Kirche und Kloster

Tierleben

Auf den kleinen durch den Abbau der Seekreide entstandenen Teichen schwimmen verschiedene Entenvögel. Die schwarzen Reiherentenmännchen mit den weißen Flanken und dem Schopf am Hinterkopf fallen besonders auf. Wie ein Edelstein jagt der Eisvogel über der Wasserfläche oder nutzt einen Zweig als Ansitz. Rohrammer und Teichrohrsänger nisten in den schilfartigen Stengeln der Schneide, ab und an stattet die Rohrweihe einen Besuch ab. Die Ringelnatter läßt sich in der Sonne auf den Stegen wärmen, man kann sie hier im Sommer oft entdecken. Mooreidechse und Laubfrosch kommen noch häufiger vor. Während es im Schaalsee bis heute eine reiche Fischfauna mit immerhin 28 Arten gibt, sind die Fische in den umliegenden Fließgewässern stark zurückgegangen. Noch 21 Arten konnten nachgewiesen werden, wobei die anpassungsfähigen, konkurrenzstarken Arten, die geringe Ansprüche an die Fließgewässerstrukturen stellen und Gewässerausbau und -unterhaltung in gewissem Maße tolerieren, naturgemäß überwiegen.

Das sind Flußbarsch, Hecht, Dreistacheliger Stichling, Schleie, Brassen, Güster, Kaulbarsch und Aal. Anspruchsvolle Arten, wie Bachforelle, Schmerle, Groppe, Bachneunauge und Döbel, gibt es nur noch in den naturnah entwickelten Flüssen Schaale, Hammerbach und Schilde.

Tour 23
Zarrentin und die Halbinsel Strangen

Anfahrt nach Zarrentin

Bus Schienenersatzverkehr von Hagenow Bahnhof

Pkw A 24 Abfahrt Zarrentin, von Ratzeburg, Gudow und Wittenburg

Wanderstrecke und Profil
ca. 5 km / 2 Std., für einen Stadtrundgang mit Kirche und Kloster sollte man sich Zeit nehmen
kaum Höhenunterschiede

Orientierung Tour A: rot, Infotafeln

Rast Bänke an der Promenade. Beobachtungsstand an der Strangenbrücke
Einkehr: Cafés, Gaststätten und Imbiß in Zarrentin

Vom Parkplatz am Pahlhuus gelangt man hinunter auf den Uferweg. Er führt an Sportplatz und Badeanstalt vorbei. Hier ist der Blick auf den Schaalsee mit der Insel „Möwenburg“ und auf die Stadt mit Kloster und Kirche besonders schön. Vorbei am Bootsanleger der kleinen Personenschiffahrt und dem Bootsverleih kommt man zur Fischerei. Hier gibt es den guten frischen oder geräucherten Schaalseefisch zu kaufen.

Die Promenade von Zarrentin ist ein ganz natürlicher grasbewachsener Weg, auf dem man auch mit dem Fahrrad fahren kann und darf. Er verläuft unmittelbar am Seeufer und ermöglicht die Beobachtung des reichen Vogellebens auf dem Wasser. Bootsstege und -häuschen begleiten den Wanderer. Vom Uferweg führen immer wieder kurze gepflasterte Gassen, die „Twieten“, hinauf in die Stadt. Unterhalb des Klostergebäudes und der Kirche ist die Promenade zu Ende. Hier beginnt der Wanderweg zur Halbinsel Strangen. Weiden, Erlen und Pappeln begleiten den Wanderer an der Seeseite, die mächtigen alten Rotbuchen mit ihren freigelegten Wurzeln stehen auf hoher Böschung. Vom Beobachtungsstand sieht man die gegenüberliegende Halbinsel Techiner Hörsten, links die Waldungen des Kampen-Werder, rechts liegt die Schalißer Bucht. Nicht selten erblicken Sie von hier das imposante Flugbild des Seeadlers, der über der Halbinsel kreist. Mit einem guten Fernglas ist auch der große Horst auf einer der riesigen Pappeln zu entdecken

Ein Damm trennt den kleinen Kirchensee vom großen Schaalsee. Diesen Damm ließ der Apotheker Paul Brath 1911 aufschütten, um auf dem Strangen eine Kinderheilstätte zu errichten. In das Unternehmen steckte er fast sein ganzes Vermögen, konnte es aber nicht zu Ende bringen. Eine schmale Lindenallee erinnert noch an die Nutzung dieses Gebiets. Hier gab es bis 1975 ein Ausflugslokal, das „Fährhaus“, von dem noch die Eingangstreppe unter Kastanienbäumen steht. Auch einige andere Grundmauern fallen im Unterholz und am Rand des Weges auf, hier wohnten am Wochenende Hamburger Bürger, rechts unter Bäumen und Gebüsch gab es zu Zeiten der DDR eine Entenfarm. Heute ist dieser Teil mit

dem halben See Naturschutzgebiet.

Magerrasenflächen wechseln sich mit Erlenbruchwald ab. Ein Stichgraben führt vom Kirchensee nach Norden. Er ist voller Froschbiß, einer Pflanze, die im Sommer ihre weißen Blüten über den kleinen seerosenartigen Blättern öffnet. Im sumpfigen Bruchgelände brütet der Kranich, auch Wildschweine fühlen sich hier zu Hause. Ab und zu sieht man eine kleine gekratzte Vertiefung im feuchten Gras. Hier hat der Dachs „gestochen", d.h. in der Erde nach Insektenlarven gewühlt.

Am Parkplatz an der Straße Zarrentin–Marienstedt hoch über dem See blickt man auf die kleine

Strangenbrücke und erkennt, daß der Kirchensee durch den Damm als ehemalige Bucht vom Schaalsee abgetrennt wurde. Am Südufer geht es unter Buchen, die ihre Äste bis zum Wasser herabhängen lassen, zurück.

Unterhalb von Kloster und Kirche führen Stufen zur Stadt hinauf. Steht man vor der alten Linde, hat man links die Kirche, rechts das Rathaus, im Hintergrund das noch erhaltene Haupthaus des Klostergebäudes mit seinen Gewölben. Das Heimatmuseum ist gleich nebenan. Das Innere der Kirche lohnt eine Besichtigung, allerdings ist dazu eine Anmeldung im Pfarramt nötig.

Vorbei am Rathaus mit dem Stadtwappen am Giebel gelangt man zur Thomas-Münzer-Straße, die früher Bauernstraße hieß. Sie bewahrt nach wie vor den Charakter einer Dorfstraße mit ihrem alten Kopfsteinpflaster und den eingeschossigen Häusern zu beiden Seiten. Stellenweise ist sie breit wie ein Dorfanger, aus dem sie wohl entstanden ist. Manche Häuser haben noch den typischen Krüppelwalm, die den Bauernhäusern nachempfundene Dachform. Auch die alte Schule ist hier zu finden.

Zum Seeufer hinab führen die schmalen Twieten, aber auch in den modernen Teil der Stadt gelangt man über diese Steige zur Hauptstraße mit den vielen kleinen Läden, den Cafés und Restaurants. Links biegt man von der Bahnhofstraße ab und kommt mit wunderschönem Blick auf den südlichen Schaalsee zum Pahlhuus zurück.

Kulturgeschichte

Im Jahre 1246 gründeten Audacia von Schwerin und ihr Sohn Gunzelin das Zisterzienser-Nonnenkloster Zarrentin. Bis zu seiner Auflösung im Jahre 1555 wurde es durch Landerwerb in der Umgebung und durch den Besitz der Fischereirechte am Schaalsee sehr reich. Das Hauptgebäude des Klosters blieb bis heute erhalten und mußte in der Vergangenheit vielen Zwecken dienen, wurde auch, den jeweiligen Nutzungen entsprechend, vielfach baulich verändert. Noch heute sind die Merkmale der frühen Gotik mit den schönen Spitzbögen über den einzelnen Räumen gut erhalten. Umfangreiche Sanierungsarbeiten dienen dem Erhalt und der Wiederherstellung des wertvollen Gebäudes.

Die ursprüngliche Klosterkirche wurde um die Mitte des 15. Jh. durch die heutige Kirche ersetzt, auch sie im Stil der Gotik, wobei die seitlich angebaute sog. „Lüneburger Kapelle" und der Altarraum mit den Wandgemälden von 1350 noch von der alten Kirche stammen. Diese Seitenkapelle war Zutritt für die Schiffer, die auf der Schaale mit flachen Prahmen oder mit Flößerholz vorbeikamen, denn sie konnten meistens nicht pünktlich sein und sollten den Gottesdienst nicht stören. Als besondere Kostbarkeit gilt die Kanzel aus dem Jahre 1535, geschnitzt von dem Lübecker Meister Jacob Reyge. Auf 5 Eichentafeln sind Ereignisse aus dem Alten und Neuen Testament dargestellt. Diese Kanzel stand einst in der St. Marienkirche in Lübeck. Als sie den Lübeckern nicht

mehr gefiel, wurde sie entfernt. Im Jahre 1699 kaufte sie der Zarrentiner Pastor Andreae aus eigener Tasche für seine Kirche.

Weitere bemerkenswerte Kunstwerke sind frühe Wandmalereien besonders im Chor. Der Turm ist deutlich jünger und entstand in den Jahren nach dem Dreißigjährigen Krieg. Der mächtige Feldsteinsockel trägt ein mit Ziegeln ausgefülltes Fachwerk, das zur Wetterseite hin mit Schiefer verkleidet wurde.

Das Stadtwappen am Rathaus zeigt zwei Maränen – schon frühzeitig war die Einmaligkeit der Schaalseemaräne erkannt worden. Um diesen Fisch rankt sich die Sage, die den Landschaftsführer einleitet (s.o.). Zoologisch gesehen sind Maränen wie die nahe verwandten süddeutschen Felchen Lachsfische, die in tiefen, klaren und sauerstoffreichen Kaltwasserseen beheimatet sind.

Erdgeschichte

Der Schaalsee ist mit 71,5 m der tiefste See Norddeutschlands. Sein Name soll sich von den gewaltigen Blockpackungen im Geschiebe der letzten Eiszeit ableiten, die man besonders am südlichen Ende des Sees findet. Er bedeutet „Steinsee" (slawisch „scalse" = Stein). Die aus dem See fließende Schaale würde also „die Steinige" bedeuten, und Schaliß, der Ort am gegenüberliegenden Ufer, würde danach „Steinort" heißen. Der Schaalsee ist auf unterschiedliche Weise aus der Zusammensetzung verschiedener Seentypen entstanden. Die Tiefenkarte des Sees zeigt zwei Rinnen von Salem und von Dutzow, die sich an der Halbinsel Zecherer Werder vereinigen. Hier gibt es auch die tiefste Stelle, ein Strudelloch, das von herabstürzenden Schmelzwässern zur Zeit der Eisrandlage von Dargow entstanden sein dürfte. Südlich von

Groß Zecher gibt es eine besonders markante Toteisabbruchkante, die östlichen Buchten des Sees sind Grundmoränenseen.

Tierleben

Von der Uferpromenade kann man die meisten der am Schaalsee brütenden Wasservogelarten beobachten. Am häufigsten sind die schwarzen Bleßrallen mit der weißen Stirnplatte und die bunten Haubentaucher, die im Frühjahr ihre interessanten Balzrituale aufführen. Durch das ständige Füttern sind die Stockenten und Schwäne ohne jede Scheu vor dem Menschen, während Reiher-, Tafel- und Schellenten gebührenden Abstand halten. Gar nicht selten ist der Erpel einer Kolbenente in Ufernähe, dessen roter Schnabel und rostroter Kopf sehr auffällig sind. Sing- und Zwergschwäne kommen nur in eisfreien Wintern auf dem Schaalsee vor. Dann schwimmen sie recht vertraut bis nahe an die Stadt, da sie in ihrer nordischen Brutheimat den Menschen nicht zu fürchten gelernt haben. Lach- und Sturmmöwen beleben das Bild dieses Sees. Vor der Möwenburg und auf den Reusenanlagen am Kirchensee sitzen Kormorane und trocknen mit ausgebreiteten Flügeln, wie schwarze Kreuze, ihr beim Tauchen durchnäßtes Gefieder. Manchmal ist auch der Rothalstaucher hier anzutreffen. Sein Ruf klingt wie das Wiehern eines Pferdes. Still sitzend, ist es möglich, den leuchtendblauen Eisvogel zu sehen. Der Drosselrohrsänger schmettert, besonders bei etwas schwülem Sommerwetter, aus dem Schilf sein typisches „Karre, karre kiet“ (plattdeutsch „Korle, Korle, kiek!“). Im Spätsommer bis in den Oktober hinein kann von der Halbinsel Strangen und dem Beobachtungsstand am „Apothekerdamm“ aus der Einfall der Kraniche zu ihren Schlafplätzen in der gegenüberliegenden Schalißer Bucht und vor den Hörsten beobachtet werden.

Neben der schon erwähnten Großen Schaalseemaräne kommt die Kleine Maräne im Schaalsee vor. Sie ist der Brotfisch für die Fischer am See. Trotz guter Wasserqualität sind diese Salmonidenarten jedoch nicht so häufig wie Aal, Hecht, Barsch und Zander. Auch Krebse gibt es im See. Nach dem durch Krankheit bedingten Aussterben des Edelkrebses kommen allerdings nur noch die amerikanischen Flußkrebse vor.

Pflanzenwelt

Im Schutz und Schatten der schmalen Lindenallee, die auf die Halbinsel Strangen führt, wächst der Trichterfarn, den man leicht an seiner Form erkennen kann. Weiter nördlich gibt es einen der in dieser Gegend seltenen Sander. Unter den Magerrasenpflanzen finden sich Filzkraut, Thymian und Mauerpfeffer. Im kleinen Stichkanal, den man auf einem Schlackenweg quert, bedecken neben Wasserlinsen Teppiche von Froschbiß das Wasser. Im Sommer strecken sie ihre weißen Blüten über die kleinen seerosenartigen Blätter. Brombeergebüsche wachsen unterhalb des Parkplatzes am Kirchensee, sie sind im Herbst voll mit wohlschmeckenden Beeren.

Tour 24
Durch die Techiner Heckenlandschaft

Anfahrt nach Lassahn
Pkw **A 24 Abfahrt Zarrentin, am Ortsende von Zarrentin nach Lassahn abbiegen, B 208 über Groß Thurow, Kneese**
Wanderstrecke und Profil
ca. 4 km, kleine Runde, 10 km, große Runde, steiler Anstieg auf das Os am Neuenkirchener See
Wegemarkierung **Tour D, gelb**
Einkehr: Imbiß, Fischerei Stintenburg, bei großer Runde, „Gasthaus am See" in Neuenkirchen

Von Zarrentin kommend führt der Weg am Ortsanfang von Lassahn links hinunter durch eine Allee zum Parkplatz. Ein lindenbewachsener Damm bindet die Insel Stintenburg mit der Fischerei an. Am Ende ist der Damm durchstochen und überbrückt. So ist es dem Fischer möglich, mit dem Boot vom „Borgsee" (links) zum „Lassahner See" (rechts), zwei der vielen Buchten des Schaalsees, zu gelangen, ohne die große Insel Kampen-Werder umfahren zu müssen. Von der Brücke hat man eine schöne Aussicht auf einen Teil des Schaalsees. Rechts liegt eine langgestreckte Insel, die den geheimnisvollen Namen „Andinens Ruh" trägt. Andine soll ein Jagdhund des Grafen Bernstorff gewesen sein, der dort begraben wurde.

Wir aber wenden uns zurück an den Anfang der steilen Abfahrt und biegen rechts in den ausgeschilderten Weg nach Techin ab. Ein Feuchtwald mit einem kleinen Bach und einer Vielfalt an Frühlingsblumen liegt an der rechten Seite, links steigt der Hang steil zur Straße an. Vielstämmige Hainbuchen fallen auf, die von Niederwaldwirtschaft und Tierbeweidung erzählen könnten. In Techin selbst, dem kleinen Flecken mit den reetgedeckten Häusern, der gerade restauriert wird, kann man rechts zum Kranichhof abbiegen und von einem Aussichtsturm auf den Techiner See blicken. Die Bucht ist Naturschutzgebiet, die Techiner Halbinsel und das Wasser drum herum sind Kernzone 1 und dürfen nicht betreten werden.

Ein Stück muß man durch den Ort zurück zur Straße Zarrentin-Lassahn, die gequert wird. Es geht auf den Fahrradweg, dem man nach links folgt. Nach etwa 50 m kommt rechts ein Redder (Doppelknick). Sogar Pflaumenbäume gibt es zwischen den vielen Bäumen und Sträuchern. Ein paar alte mächtige Eichen wurden als Überhälter im Knick (Hecke) stehengelassen. Man folgt dem Ufer des Neuenkirchener Sees mit seinen kleinen, liebevoll gepflegten Bootshäusern und Stegen. Der Hang zur Linken ist einer der seltenen Oser im östlichen Schaalseegebiet. Auf seinen sandigen Hängen wachsen unter den Büschen im Frühjahr große Mengen von Frühlingsschlüsselblumen. Ein steiler Anstieg auf dieses Os ist nun zu überwinden. Man blickt auf mehrere

Techiner Heckenlandschaft

bahndammähnliche weitere in Nord-Südrichtung liegende Dämme, die unter den Gletschern in Hohlräumen entstanden sind. Gelbblühendes Frühlingsfingerkraut und weißer Knöllchensteinbrech zeigen, daß die Böden dieser Oser sich von den Parabraunerden der Umgebung (s. Erdgeschichte) abheben. Rechts liegt die Stintenburger Mühle, die heute als Wohngebäude ist. Wir biegen links in einen weiteren Redder ein, der über die Straße in das schon bekannte Tälchen Richtung Stintenburg und Parkplatz zurückführt.

Kulturgeschichte

Wallartige Einfriedigungen gab es schon in prähistorischer Zeit, um Wohnbereiche vor wilden Tieren zu schützen. Caesar berichtete, daß die Germanen lebende Dornenhecken um Behausungen und Vieh errichtet hätten. In Schleswig-Holstein gab es um 1500 die ersten Knicks (mecklenburgisch: Hecken) aus totem Holz- und Reisigmaterial, was Raubbau an den Wäldern und Feldgehölzen bedeutete. Ein hoher Brennholzbedarf, die Störung der herrschaftlichen Jagd und eine Waldverwüstung führten zu der ersten Verordnung für „lebende“ Wallhecken, der „Holzverordnung für Glücksburg“, 1681. Noch gab es die Allmende, die gemeinsame Nutzung von Acker- und Weideflächen. Hier waren nur die Äcker als Schutz vor dem Verbiß durch die gehüteten Herdentiere umfriedet. Als das Land aufgeteilt wurde und jeder Eigentum erhielt, wurde durch die Verkoppelungs-

Nördliches Schaalseeufer

gesetze erlassen, daß alle Felder mit lebendem „Pathwerk“ umgeben werden mußten. Das Pflanzgut kam von den Waldrändern, die Krautschicht wurde mit übertragen. So besteht ein Knick aus zwei aneinandergerückten Waldrändern auf einem Wall. Durch den Wechsel von Acker- und Weidephase wurde der Knick bewirtschaftet, alle 8–10 Jahre auf den Stock gesetzt, d.h. abgesägt. Das Feld wurde einige Jahre in Fruchtfolge bestellt, der nachwachsende Knick wurde „geknickt“, d.h., die Zweige wurden angebrochen oder -geschnitten und verflochten. War das Gestrüpp dicht genug, konnten Tiere einige Jahre auf diesen Flächen weiden.

Knicks in dieser Ausführung sind typisch für Schleswig-Holstein, in Mecklenburg gibt es sie – außer im Klützer Winkel – eher selten. Diese Landschaft (nördlich von Zarrentin bis nach Bernstorff) gehörte auch bis nach dem Krieg zu Schleswig-Holstein. Die britische Besatzungsmacht und die Rote Armee erklärten die Westgrenze des Landes Mecklenburg zur Provinz Schleswig-Holstein zur Zonengrenze. Die Straße 208 wurde von dieser Grenze zweimal durchtrennt, und alle Gebiete östlich des Schaalsees hätten durch die Engländer nicht kontrolliert werden können, darum gab es im November 1945 einen Gebietstausch. Die Bereiche östlich des Schaalsees und um Thurow und Dechow (4880 ha) kamen zur sowjetischen Zone, Gebiete östlich des Ratzeburger Sees wie Ziethen, Bäk, Mechow (2440 ha) kamen zur britischen Zone mit den entsprechenden Umsiedlungen. So wurde die typisch Schleswig-Holsteinische Knicklandschaft zur „Techiner Heckenlandschaft“.

Erdgeschichte

Im Eiszeitalter wurde das Gebiet mehrfach von den Gletschern überfahren, Ablagerungen des Tertiärs und vorangegangener Eiszeiten wurden umgelagert und aufgestaucht. So findet man Gletscherablagerungen und nach dem Abtauen des Eises auch Schmelzwasserablagerungen. Geschiebemergel aus kalkhaltigem Ton, Schluff und Sand wurde beim Abschmelzen als Grundmoräne abgesetzt und das vor den Gletschern hergeschobene als Endmoräne. Da durch Klimaschwankungen die Gletscher nicht gleichmäßig tauten, ergab sich ein Wechsel zwischen Abtauen und Vorstoßen, so daß eine Vielzahl von hintereinander liegenden Endmoränenzügen, sog. Moränenstaffeln, entstanden.

Sande und Kiese wurden vom Schmelzwasser weiterverfrachtet und je nach Korngröße abgelagert. Diese sog. Sander gibt es auch in der Schaalseelandschaft hier und da. Sie sind aus weiter nördlich liegenden Abtaugebieten in Mulden eingeschwemmt worden.

Die Techiner Heckenlandschaft liegt im Übergangsgebiet von „bergigen“ Endmoränen und hügelig kuppigen Grundmoränen mit sehr guten mergeligen Böden. Dieser Mergel hat in der kurzen Zeit seit der letzten Vereisung nur wenig an Kalkgehalt verloren.

Der weitverbreitetste Bodentyp ist hier die Parabraunerde, ein Mergelboden, bei dem kalkhaltige Ton- und Eisenbestandteile langsam ausgewaschen werden und sich in einem Bodenhorizont ablagern. Dieser Boden besitzt ein hohes Wasser- und Nährstoffhaltevermögen. Ist der Boden verdichtet, ergibt sich Staunässe und ein sog. Pseudogleyboden.

Die Ackerzahlen (Bodengüte) sind hier höher als 50 (bessere Böden gibt es in den Lößgebieten, z. B. Magdeburger Börde). Die Bodengüte ergibt sich aus der Bodenart (Korngröße, Mischform), der Substrateigenschaft (Herkunft: eiszeitlich oder verwittert) und der Zustandsstufe. Bei der Zustandsstufe hat jede Bodenart von der Parabraunerde bis zum Podsol der Sander eine andere Wertigkeit. Die hohen Bodenpunkte lassen einen artenreichen Knick wachsen, den „Bunten Knick“.

Pflanzenwelt

Potentielle Pflanzengesellschaften sind imaginär. Sie werden angenommen für ein Gebiet, in dem der Mensch nicht eingreifen würde. In unseren Breiten läge der Schwerpunkt auf Waldgesellschaften (hier: sommergrünen Laubwaldgesellschaften), die sich auch immer infolge einer Sukzession einstellen würden, wenn Ackerland aufgegeben wird. Hauptbestandsbildner wäre die Buche mit einer entsprechenden Strauch- und Krautschicht, in den potentiellen Naßwäldern (am Ufer des Schaalsees) die Erle und als Begleiter die Esche.

Für die Knicklandschaft bedeutet der gute Boden eine artenreiche Strauchschicht mit über 20 Baum- und Straucharten. Neben den alten Eichen werden heute auch Vogelkirsche und Hainbuche als Überhälter stehengelassen. In der Lianenschicht, dem Knickrand, wächst neben Brombeeren und Himbeeren auch wilder Hopfen, Hundsrosen klimmen mit ihren Stacheln hoch in die Sträucher empor.

Tierleben siehe Tour 6

Tour 24 a
Großer Rundweg mit Neuenkirchener See

Die große Runde in der Techiner Heckenlandschaft schließt den gesamten Neuenkirchener See mit ein. Start ist auch für diese Wanderung der Parkplatz an der Stintenburg. Der erste Teil nach Techin ist für beide Wanderungen gleich. Statt am Kranichhof etwas zurück zur Straße zu wandern, geht man vom Beobachtungsstand weiter nach Südosten an einem Feuchtgebiet mit erlenbestandenen Gräben entlang zur Straße Zarrentin–Lassahn, die man weiter südlich als bei der vorigen Tour in Richtung Neuhof quert. Der Weg führt durch einen Hohlweg, den eine neu angelegte Hecke begleitet. Zwischen dem Neuenkirchener See und dem Boissower See in einem Bruchwald tritt der Hammerbach aus dem einen See, um gleich wieder in den anderen zu münden. Der eigentliche Rundweg biegt jetzt nach links ab, ein paar Meter weiter nach rechts gibt es einen Beobachtungsstand. Dieser kleine Abstecher lohnt sich, kann man doch, für die Tiere unsichtbar, von einer Bank aus das Vogelleben auf dem Boissower See beobachten. Beachten Sie auch die verschiedenen Informationstafeln, die über Wasservögel und geologische Besonderheiten informieren. Direkt am östlichen Ufer des langgestreckten Rinnensees geht es nach Neuenkirchen. Vor dem schmalen Schilfgürtel blühen im Sommer die Seerosen in üppigen Feldern. Durch Nährstoffeinträge aus der Landwirtschaft gehen sie allerdings zurück und werden von der Gelben Teichrose, der Mummel, abgelöst, die nährstoffreiche Gewässer liebt.

Die Kirche in diesem kleinen Ort ist sehenswert. Der Chor ist noch aus Feldsteinen, das übrige Gebäude hat Fachwerkmauern mit Bachsteinmustern. Von hier aus hat man auch den besten Blick auf die Oser, die besonders gut am nördlichen Teil des Sees ausgebildet sind. Diese bis zu 25 m hohen geologischen Besonderheiten mit ihren bahndammähnlichen Strukturen hat die letzte Eiszeit hier hinterlassen. Eine Tafel gibt weitere Informationen. Östlich der Kirche liegt das alte Schulhaus. In ihm hat ein Künstlerehepaar eine Galerie eingerichtet. Geht man vom „Gasthaus zum See“, in dem man vorzüglichen Fisch essen kann, links die Straße hinunter und rechts an einem großen Hof vorbei, kommt man zu einem Wiesengelände, auf dem die Eulenburg aus dem 14./15. Jh. stand. Ein Ringgraben umgibt einen Turmhügel, den ehemaligen Wehrturm der Burg. In nassen Jahren steht Wasser im Graben.

Am Nordufer des Sees geht es jetzt nach Westen über eine Steinbrücke. Sie soll noch aus Napoleons Zeiten stammen. Ob er sie selber genutzt hat? Wohl eher nicht. Kurz vor der Stintenburger Mühle erreicht man den oben beschriebenen Weg und gelangt durch einen Redder zum Ausgangspunkt zurück.

Tour 25
Von Dutzow nach Kneese

Jungstörche in Kneese

Anfahrt nach Dutzow
Pkw B 208 von Ratzeburg oder Gadebusch, Abfahrt: Groß Thurow von Zarrentin über Lassahn nach Dutzow
Wanderstrecke
ca. 5 km, kaum Steigungen
Orientierung Kartenausschnitt, Ausschilderung
Einkehr auf der Strecke nicht möglich

Die Wanderung geht entlang der ehemaligen innerdeutschen Grenze durch biologisch interessante Lebensräume und altes Siedlungsgebiet. Direkt an der alten Schloßanlage liegt der Parkplatz von Dutzow. Nach Norden geht der Blick über die Pflasterstraße auf einen Bach, der vom Goldensee in den Dutzower See fließt. Der Große Teich, früher eine offene Wasserstelle, ist heute von Schilf bedeckt. Hier kann man nicht selten den Eisvogel sehen, auch der Fischotter wurde schon beobachtet. Über die kleine Brücke besteht die Anschlußmöglichkeit an Touren des Naturparks Lauenburgische Seen.

Vom Parkplatz aus wendet man sich nach Süden und biegt rechts in den ehemaligen Kolonnenweg ein. Dort, wo in der Bucht ein paar Boote am Steg liegen, war die alte Dorfanlage von Dutzow. Hier muß auch der Hafen für die Prahme gewesen sein, flache Transportschiffe, die Güter von der Elbe über Sude, Schaale und den Schaalsee brachten. Der Holzlagerplatz für die Flößerei nach Süden zu den Salinen nach Lüneburg lag gegenüber, das kann man noch auf alten Karten finden (s. Kulturgeschichte).

Weiter geht es auf dem sandigen Kolonnenweg. Man sieht nicht viel vom See selbst, ein Gürtel aus Erlen, Eschen und Weiden begrenzt den Blick zum Wasser hin. Artenreiche Magerrasenflächen liegen rechts und links, man ist auf einem in diesem Gebiet seltenen Sander. Besonders im Juni und Juli ist man von der bunten Blütenvielfalt überrascht, die so ein sandiger Boden hervorbringen kann. Hier gibt es viele Arten, die man sonst nur noch selten findet und die darum auf der Roten Liste der gefährdeten Arten stehen. Hier und da huscht eine Eidechse bei sonnigem Wetter über den Weg, oder Heuschrecken erheben sich schwirrend und zeigen ihre blauen Unterflügel. Am südlichen Waldrand links fällt eine der mächtigen Dutzower Eichen auf. Sie ist sicher schon 300 Jahre alt.

Bei den Kiesgruben könnte man links nach Sandfeld abbiegen, aber der Weg geradeaus nach Kneese ist interessanter. An dieser Stelle verengt sich der nördliche Schaalsee und geht vom Dutzower See in den Niendorfer Binnensee über. Vom höchsten Punkt des Weges hat man einen guten Überblick über das Gelände. Links erstrecken sich Feuchtwiesen vor einem Erlenbruchwald. Mitten in den Wiesen erkennt man einen baumbestandenen Hügel. Es ist der Wäwerbarg (oder Weberberg), eine mittelalterliche Burganlage (s. Kulturgeschichte). Wasserführende Gräben umgeben den Hügel, so daß man nicht näher herantreten kann. Links geht jetzt der Weg auf das Dorf Kneese zu. Vom Beobachtungsstand aus hat man einen guten Rundumblick auf den Ringwall des Weberbergs im Nordwesten, das Naturschutzgebiet Dohlenwald im Süden und die Ausläufer des Schaalsees: Niendorfer Binnensee und Dutzower See. Nach dem Überqueren der Bek, eines kleinen Bachs, kann man umkehren oder auf der wenig befahrenen Straße über Sandfeld nach Dutzow zurückwandern.

Diese Wanderung ist nicht sehr lang, da bietet sich ein Abstecher zum Ortsteil Kneese Dorf in Richtung Roggendorf an. Früher war hier eine Domäne, ein staatliches Gut mit einem stattlichen Verwaltergebäude. Schon in der Weimarer Republik siedelte man Teile des Landes auf, verpachtete den Hauptteil. Mit der Bodenreform fiel das Land an die LPG Roggendorf, das Verwaltergebäude wurde als Schule genutzt. Heute wird hier von der Lebenshilfe der „Archehof Domäne Kneese" für alte Haustierrassen aufgebaut. Neben anderen Tieren wird der Schwerpunkt auf Schweinerassen liegen.

Kulturgeschichte

Dutzow, ein verschlafener kleiner Ort, noch bis vor kurzem fast vergessen im Schatten der Grenze zwischen Ost und West und doch einmal ein wichtiger „Verkehrsknotenpunkt" im Handel der beginnenden Neuzeit. Hier war das Ende der Schaalfahrt, eines zu damaliger Zeit geplanten „Großprojekts", das leider nie ganz vollendet wurde. Von der Elbe sollten Waren – unter Umgehung der Stecknitzfahrt im Westen mit ihren von Lübeck erhobenen Zöllen – über die Schaale, den Schaalsee und einen Kanal bis nach Wismar in die Ostsee transportiert werden. Aber dieser letzte Abschnitt wurde nie gebaut, so daß die Waren von Dutzow aus mit Karren weitergefahren werden mußten. So große Ausmaße wie die Stecknitzschiffahrt nahm dieser Wasserweg nie an, jedenfalls nicht mit Kähnen in Richtung Norden. Nach Süden war die Schaalfahrt allerdings stark frequentiert, brauchte man doch immer mehr Holz für die Lüneburger Saline, um das Wasser aus der Sole zu verdampfen und

Salz zu gewinnen. Wie die Lüneburger Heide wurden auch am Schaalsee ganze Landstriche abgeholzt und nach Lüneburg geflößt. Der Name des 79 m hohen Lüneburger Bergs westlich des Sees erinnert an diese Zeit. Der Raubbau an der Natur war groß, die Menschen hatten aber Arbeit als Holzfäller und Flößer.

Wie andere Dörfer im Fürstentum Ratzeburg wurde auch Dutzow schon 1230 im Zehntregister (zum Eintreiben der Steuern) erwähnt. Das alte Dorf, direkt am Wasser gelegen, wurde genauso wie seine wehrhafte Burganlage „wüst". Nordöstlich baute man das neue Dorf auf und 1863 ein Herrenhaus. Nach dem

Krieg wurde Neubauern sogenanntes Bodenreformland zugeteilt. 1952 und 1961 wurden „unsichere" Dutzower ausgesiedelt und die geräumten Häuser abgerissen. Auch das Schloß wurde 1972 zerstört und in den See geschoben. Am Parkplatz, verborgen unter Brombeerranken und Brennnesseln, kann man noch Reste des Gemäuers finden.

Das Dorf Kneese lag bei seiner Gründung im frühen 13. Jh. im südwestlichen Zipfel des obotritischen Fürstentums. Der Name „Kneese" soll vom slawischen Knyaz = Fürst/Edelmann kommen und „dem Fürsten gehörend" bedeuten. Die Wehranlage „Wäwerbarg" (Weberberg) ist in keiner Urkunde erwähnt. Es ist ein Ringwall von 40 m Außendurchmesser. Dem Wall ist ein Graben vorgelagert, der auch heute noch im Wiesenbereich Wasser führt. Diese mittelalterliche Anlage hat zwei Funktionen erfüllt, sie war gleichzeitig Adelssitz und landesherrschaftliche Grenzfeste.

ie Purpursommerwurz

Bei den Wanderungen durch das Biosphärenreservat stößt man oft auf derartige Anlagen, die ursprünglich Grenzfesten oder Burgen waren von Rittern, die aus den deutschen Gebieten in das Land der Polaben vorgedrungen waren und Kolonisten (unfreie Bauern) ansiedelten.

Erdgeschichte

Der ehemalige Kolonnenweg, auf dem man von Dutzow nach Kneese wandert, ist sandig bis kiesig und von einer Magerrasenvegetation bewachsen. Mitten in der Grundmoränenlandschaft, dem Abtaugebiet der Gletscher, liegt hier ein Sander, gebildet vom Schmelzwasser weiter nördlich getauter Gletscher. In seinen Ablagerungen findet sich so manches Fossil: Donnerkeile, Reste von kreidezeitlichen Tintenfischen (Belemniten) oder Seeigel, die zu Stein erstarrten Kieselsäuremassen, die in die leeren Schalen eines abgestorbenen Stachelhäuters eingeflossen waren.

Pflanzenwelt

Auf den Feuchtwiesen entstand nach der Aufgabe der Beweidung eine Hochstaudenflur mit Mähdesüß, Kohldistel, Wasserdost und Weidenröschen. An einigen Stellen erobert bereits das Schilf die feuchten Bereiche. Auf den Kies- und Sandflächen findet man Magerrasenpflanzen. Borstiges, hartes Gras herrscht hier vor, es wächst aber auch duftender Thymian, Sandstrohblume, Hei-

Der baumbestandene Ringwall des Weberbergs

denelke und Flockenblume. Viele Pflanzen der Roten Liste, selten und vom Aussterben bedroht, kann man auf diesem sandigen Streifen finden. Auch Besenheide versucht sich anzusiedeln. Die seltene Sommerwurz, ein Vollschmarotzer ohne Blätter, wächst auf Schafgarbe und blüht nicht jedes Jahr. Der Standort am ehemaligen Kolonnenweg ist einer von zweien in Mecklenburg-Vorpommern. Durch Anflug zerstreut vorkommende Birken nehmen nach und nach den offenen Standort ein.

Tierleben

Als besondere Kostbarkeit kommt in den Feuchtwiesen wieder der Wachtelkönig vor. Man kann seinen schnarrenden Ruf aus den Hochstauden heraus hören. Der Weißstorch, der am Ortsausgang von Kneese auf einem ausgedienten Leitungsmast sein Nest hat, sucht hier nach Amphibien und Wühlmäusen. Im Erlenbruch nistet der Kranich. Man kann ihn bei der Balz und Nahrungssuche vor dem Erlenbruch oder auf den Koppeln beim Dohlenwald beobachten. Krick- und seltener Knäckenten schwimmen auf den Gräben, brüten wohl auch vereinzelt in der Nähe. In die Wand des Aufschlusses an der Kiesgrube haben Uferschwalben ihre Brutröhren gegraben. Über den Blüten des Magerrasens fliegen an schönen Tagen die Schmetterlinge: Perlmutt- und Dukatenfalter, Bläulinge und Schachbrettfalter. Ist es sonnig, trifft man auf dem Weg den Waldsandlaufkäfer an, der oftmals in ganzen Scharen vor dem Spaziergänger auffliegt und sich in einiger Entfernung auf den Boden fallen läßt. Auch der smaragdgrüne Feldsandlaufkäfer kommt hier vor. Eine besondere Rarität ist die Gebänderte Ödlandschrecke, grau und gut getarnt dem Untergrund angepaßt, die sich mit leuchtendblauen Unterflügeln vom Boden erhebt. Auch den kräftigen Warzenbeißer kann man hier sehen. Wo Heuschrecken im Gras hüpfen, findet man auch die große gelbgebänderte Wespenspinne, die ihr Radnetz direkt über dem Boden baut, um Heuschrecken zu fangen.

Tour 26
Mechower See mit Schlagsdorf und Grenzhuus

Seeadler

Anfahrt nach Schlagsdorf
Pkw B 208 von Ratzeburg, in Ziethen nach Schönberg abbiegen, in Schlagbrügge nach Schlagsdorf von Schönberg Richtung Ratzeburg, Schlagbrügge abbiegen
Wanderstrecke und Profil ca. 8 km/ 2 1/2 Std., ebenes Gelände
Orientierung Tour J: gelb
Einkehr: Café im Grenzhuus, kleine Gaststätte im Ort

Nach einem Besuch im Grenzhuus in Schlagsdorf (geöffnet 10.00–16.30 im Sommer, 10.00–16.00 im Winter) geht es an den letzten Häusern des Dorfes vorbei nach Westen. Der Moorweg führt direkt zum Aussichtspunkt, der sich 54,6 m über der Landschaft erhebt. Eine primitive Treppe führt hinauf, ein Anstieg, der sich lohnt. Im Osten blickt man auf Schlagsdorf mit Kirche und alter Schule, im Südosten erkennt man den Forst Baalen am Lankower See (s. Tour 27). Den Mechower See sieht man im Süden, dahinter am Horizont das Dorf Ziethen, und über die Felder des Dorfes Mechow kann man bis zum Turmdach des Ratzeburger Doms blicken. Hier am Aussichtspunkt wächst neben den Schlehen noch eine Urform der Hauspflaumen, die Haferschlehe, größer in der Frucht als vorige und säuerlich wohlschmeckend.

Nach dem Abstieg geht es auf einem Betonplattenweg Richtung Wasser. Am Nordende überspannt eine sehr alte und kunstvoll gebaute Steinbrücke, die Aalkistenbrücke, den Grenzgraben zwischen Schleswig-Holstein und Mecklenburg-Vorpommern. Durch eine Lücke im Schwarzdorn erkennt man die kleine Insel (s.u.). Weiter geht es an einer Kopfpappelreihe entlang. Durch die Lücken zwischen den Bäumen sieht man die vielen rastenden Wasservögel, aber bitte auf dem Weg bleiben, denn der Ufergürtel ist genauso wie der gesamte See Naturschutzgebiet. Am Ufer lädt eine Bucht mit Bank und Informationstafel zur Rast ein. Ein stiller Ansitz lohnt, denn viele Kleinvögel beleben den Röhrichtsaum. Der Weg entfernt sich nun etwas vom See, und man kommt in das Gutsdorf Mechow. Im Dorf

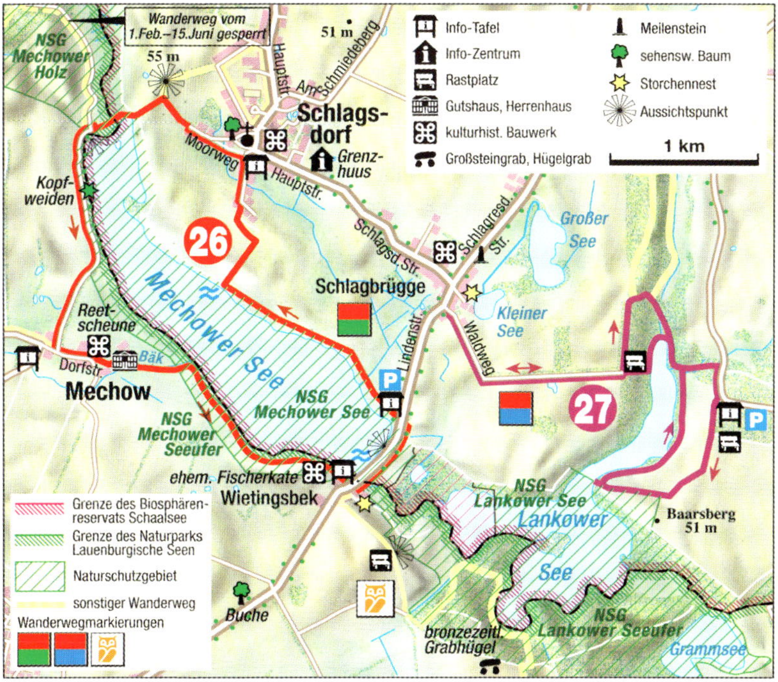

muß man links in Richtung Gutshof abbiegen. Zwischen Herrenhaus und Scheune geht es weiter an einem Bach entlang, der Richtung Bäk fließt und der im Kupfermühlental mehrere Mühlen antrieb (s. Tour 7). Von hier bis Wietingsbek, einer Häusergruppe an der Straße Ziethen–Schönberg, sind es noch 1,5 km, ein grasbewachsener Weg, auf dem es sich gut gehen läßt, mit terrassenartig ansteigenden Hängen. Ein kleines Stück bis zur Badestelle mit einem schönen Ausblick über den See muß man nun der Straße folgen. Von hier bis zum Parkplatz am See mit einer weiteren Informationstafel gibt es einen Fußgängerweg am Ufer. Am Parkplatz geht es links ab. Dichte Erlen- und Weidengebüsche versperren den Blick aufs Wasser, auch hier steigt der Hang nach rechts auf, so muß man sich den Wundern der Natur zu seinen Füßen widmen und sollte die Pflanzen, Frösche, Heuschrecken oder Wespenspinnen, die auf Beute lauern, beobachten. Durch die Felder geht es rechts nach Schlagsdorf zurück. Am Dorfrand liegt in einer alten Kiesgrube die Außenstelle des Grenzhuus, in der verschiedene Anlagen der Grenzbefestigung gezeigt werden. Der Grenzsignal- und Sperrzaun von 1973 steht neben einem von 900 Beobachtungstürmen von der innerdeutschen Grenze. Im Grund ist ein Stück der Grenzanlagen mit Zaun, Kraftfahrzeugsperrgraben, Hundelaufanlage und geeggtem Kontrollstreifen aufgebaut.

Kulturgeschichte

Schlagsdorf wird zum ersten Mal 1158 urkundlich erwähnt, die Schlagsdorfer Kirche existiert seit 1194. Die zweischiffige Hallenkirche

lohnt eine Besichtigung. Ende des 15. Jh. wurde der Chor angebaut, der Turm im 16. Jh. Die Kirche erinnert an den wenige Kilometer westlich gelegenen Ratzeburger Dom. Altar und Kanzel sind sehenswerte Kunstwerke. Unter der alten Linde auf dem Friedhof hat man schon 1518 Landgericht gehalten, da muß sie schon alt und mächtig gewesen sein. Der Sage nach ist sie so alt wie die Kirche – und deren Bau wurde Mitte des 12. Jh. begonnen.

In einem der alten Bauernhäuser von 1796 wurde das Grenzlandmuseum „Grenzhuus" errichtet. Es bietet Informationen über das Leben im Grenzgebiet, den Alltag und die Geschichte. Die Ausstellung „Grenzraum Alltag" zeigt Gegenstände aus dem ehemaligen Traditionskabinett des Dorfes Schlagsdorf, beim „Grenzraum Geschichte" sind Geschehnisse an der innerdeutschen Grenze und wichtige Ereignisse von 1945 bis zur Wiedervereinigung chronologisch dokumentiert. Zeitzeugen aus Ost und West berichten über ihr Leben und ihre Erlebnisse im ehemaligen Sperrgebiet. Ein Diorama zeigt den Grenzverlauf und den Standort der Beobachtungstürme. Auch die Themen „Zwangsaussiedlungen" und „geschleifte Dörfer" werden aufgegriffen. Die „Zeit der Wende" bildet den Abschluß der Ausstellung. Der „Grenzraum Natur" ist mit einer nicht sehr umfangreichen Ausstellung, aber pädagogisch interessant aufbereiteten Exponaten vertreten.

Dort, wo heute die kleine Insel im Nordteil des Mechower Sees liegt, hatten die „Bengels" aus Schlagsdorf im Sommer 1946 ihr „Seeräubernest". Mit alten Schlauchbooten vom Fliegerhorst Pötenitz unternahmen sie „Raubzüge" über die noch offene Grenze hinweg in die Gärten der Domäne Mechow. Unbewußt wählten die Jungs einen Platz, den viele Jahrhunderte vorher der Ritter Johann Ribe von Schlagsdorf für sein befestigtes Haus genutzt hatte. Zwischen der heute noch sichtbaren Burgstelle am Nordufer des Sees und der Insel gab es nach dem Krieg noch Pfahlsetzungen, vielleicht eine Brükke zur Insel, auf die sich der Raubritter nach seinen Überfällen zurückziehen mußte? Im 14. Jh. machten die Hamburger und Lübecker Kaufleute dem Raubritterwesen ein Ende.

Der Mechower See gehörte mit seinem Ostufer und dem Wasser zur ehemaligen DDR, nur das Westufer war westdeutsch. Trotzdem gab es in den 50er bis Anfang der 60er Jahre Angler, die den See von westdeutscher Seite nutzten: „Hier gab es immer schon viel früher Hechte, die in die Uferzonen kamen, als am Ratzeburger See, der viel tiefer und damit kälter ist. Sogar der Grenzschutz kam zum Plaudern, unternahm nichts gegen einzelne“, erzählte ein Angler.

Erdgeschichte
Der Mechower See ist Teil einer Seenkette, die vom Ratzeburger See bis zum Schaalsee reicht. Mit 9,6 m hat er die typische Tiefe eines Rinnensees. Mechow liegt im Grundmoränengebiet der letzten Eiszeit mit guten Parabraunerdeböden.

Pflanzenwelt
Am westlichen Ufer begleiten Kopfpappeln den Weg. Sie sind eine längere Zeit nicht geköpft worden und drohten auseinanderzubrechen. Pappeln können nicht wie Weiden und andere Bäume, die zu Kopfbäumen herangezogen werden, mit allen Ästen auf einmal beschnitten werden. Das wußten die Ausführenden anscheinend nicht. Nach dem Schneiden und einem Notaustrieb im ersten Jahr starb mehr als die Hälfte der alten Bäume ab. Als Totholz dienen sie noch eine Weile den Lebensgemeinschaften im Kleinen: Käfer, Asseln, Spinnen etc. In mancher Krone wachsen schon Büsche oder Kräuter und bringen neues Grün hervor.

Tierleben
Der Mechower See ist wegen der günstigen Einflugmöglichkeit für viele Wasservögel Rast-, Schlaf- und Mausergewässer. Besonders die Reiherenten haben sich diesen See im Sommer für den Federwechsel ausgesucht.

Tour 27
Am Lankower See

Anfahrt zum Wanderparkplatz
Pkw **B 208 von Ratzeburg nach Mustin am Imbiß Richtung Schönberg abbiegen, P nach etwa 3 km in der Kurve am Waldrand**
Wanderstrecke und Profil
ca. 4 km, ein Ansteig vom Seeufer zum Wald
Rast **Bänke am Lankower See**
Einkehr: Imbiß an der B 208

Von der B 208, ziemlich genau in der Mitte zwischen Ratzeburg und Gadebusch, kurz hinter der Landesgrenze, zweigt links eine Straße nach Schönberg und Groß Molzahn ab (Raststätte mit mobilem Imbiss). Auf dieser Straße gelangt man nach ca. 3 km in der Kurve im Wald links auf einen Parkplatz mit Informationstafel. Eine alte Pflasterstraße führt bergab in einer langgestreckten Kurve am 51,2 m hohen Baarsberg vorbei zu einem gebüschüberwachsenen Gelände, dem „wüsten“ Dorf Lankow. An den noch vorhandenen Obstbäumen, den Blumen alter Bauerngärten und wenigen Mauerresten kann man den Standort der Gebäude erkennen. Wo nach dem Krieg mehr als 100 Einwohner wohnten, ist heute Naturschutzgebiet. Nicht nur deshalb sollte man die Wege nicht verlassen, tiefe Brunnenschächte, Klärgruben und Keller sind unter Sträuchern und

Gras verborgen und stellen gefährliche Fallen dar. Einen guten Überblick über die zauberhafte Landschaft und Teile des Sees hat man vom Baarsberg mit seinem Trigonometrischen Punkt am südöstlichen Dorfende. Folgt man aber dem Weg, kann man bis an das Seeufer hinuntergehen. Hier liegen die Kähne eines Fischers, der heute den See bewirtschaftet. Der ehemalige Kolonnenweg, sandig und mit einer Magerrasenvegetation bedeckt, biegt nach links ab. Zwischen Gebüschen von Besenginster folgt man ihm ein Stück und geht dann über den Baarsberg zum Weg zurück. An der gegenüberliegenden Brache entlang führt ein Trampelpfad zum Seeufer und zur Nordspitze des Sees. (Man kann aber auch den offiziellen Uferweg gleich hinter den Kähnen nehmen.) Die Seenrinne setzt sich in Richtung Molzahn fort. Hier fließt ein Bach in den See. Köcherfliegenlarven in ihren selbstgebauten Köchern kriechen über das sandige Bachbett. Im Frühling blühen an den feuchten Bachrändern Anemonen und Primeln. Man geht um die Nordspitze herum und kommt zu einer in den Wallrücken geschlagenen und geschobenen Schneise, durch die der Signalzaun der Grenze verlief. Sie führt recht steil nach oben, Rinnen sind in dem sandigen Boden ausgewaschen. Am Waldrand biegt der Rundweg nach rechts ab. (Man kann aber auch geradeaus durch die Felder nach Schlagbrügge wandern.)

Hinter den bronzezeitlichen Hügelgräbern geht es rechts einen Hohlweg hinunter. Hier wachsen Teufelskralle, Veilchen und Sanikel. Wer Glück hat, findet auch das seltene Christophskraut. Am Bach entlang kommt man wieder auf den Weg am Nordufer des Sees zurück. Links abbiegend erreicht man die Straße und folgt ihr ein paar hundert Meter zum Parkplatz zurück.

Kulturgeschichte

Der Ort Lankow wurde bereits 1209 bezüglich einer Zehntabgabe für 6 Hufen an die Kirche zu Ratzeburg genannt. Die von den Slawen gegründete Siedlung hat ihren Namen nach der Lage am See erhalten, denn „lakowe“ heißt Ort im Sumpf. Es gab im Mittelalter zwei Siedlungen: Klein Lankow, eine slawische Siedlung, und Groß Lankow, eine deutsche. Die Beinamen haben also nichts mit der Größe des Ortes zu tun, sondern beziehen sich auf die Gründung. Eine Burg wurde von der Ritterfamilie Ritzerow errichtet. Die Ritzerows verkauften 1312 Klein und 1370 Groß Lankow an das Ratzeburger Domkapitel. Im Dreißigjährigen Krieg wurde Klein Lankow zerstört, Groß Lankow existierte bis 1972.

Lankow war ein Rundlingsdorf, an welchem die drei großen Bauernhöfe, die Häuser der Büdner, eine Stellmacherei und die Schule lagen. Auch eine Fischerei und eine Gastwirtschaft hat es gegeben. Nach dem 2. Weltkrieg hatte das Dorf mehr als 100 Einwohner. In den zwei „Säuberungsaktionen“ 1952 und 1961 wurden willkürlich Einwohner aus grenznahen Siedlungen unter oft fadenscheinigen Begründungen ausgewiesen, auch Lankower waren

darunter. Unmittelbar am Dorfrand, zum steil abfallenden Seevorland hin, befanden sich Grenzzaun und Todesstreifen. Die schmale Nordbucht wurde von einer Stahltrosse überspannt, von der ein Vorhang aus Stacheldraht tief in das Wasser hineinhing, eine Gefahr für wagemutige Taucher. Weiter nördlich gab es eine schmale Spannbrücke, über die Motorräder fahren konnten. In einem strengen Winter, als das Eis trug, wurde zur „Sicherheit" eine Hundelaufanlage installiert. Die Hunde ertranken, als das Eis schmolz und es von den Grenzsoldaten nicht mehr betreten werden konnte. 1969 - 1972 wurden die Häuser, die vom Westen aus sichtbar waren, renoviert. Ein „Schaufenster zur BRD" sollte geschaffen werden. Außer sog. Nordlandfahrern (Aussiedlern aus den Industriegebieten der südöstlichen Bezirke der DDR) wurden hier Vertreter der Grenztruppen angesiedelt. Doch schon 1972 wurde das Dorf „freigezogen", d.h., alle Bewohner mußten es verlassen. In der Silvesternacht wurden die ersten Häuser gesprengt, 1976 die letzten Häuser in den See geschoben, sogar die Bäume wurden gefällt, um freies Schußfeld zu haben.

Der Lankower See gehörte bis etwa 1965 zu den Klarwasserseen Mecklenburgs. Durch Verschmutzung, besonders aus der Massentierhaltung bei Groß Molzahn (ca. 3000 Rinder), wurde der See extrem belastet. Heute ist er durch die Selbstreinigung seiner Organismen schon wieder viel klarer geworden.

Erdgeschichte

Der Lankower See ist ein Rinnensee mit 9,5 m Tiefe. Die nach Norden verlaufende langgestreckte Bucht setzt sich als Geländerinne mit einem Bach bis nach Groß Molzahn hin fort. Beide Seiten werden von Wallrücken, den Osern, begleitet. Im Süden, im schleswig-holsteinischen Forst Baalen, endet die Rinne an einer blockreichen Endmoräne. Das dahinter liegende Land ist ein Sander. Auf ihm liegt der Ort Sande, ursprünglich „Auf dem Sande“.

Pflanzenwelt

Besonders reich sind die Bestände des gelbblühenden Besenginsters im Dorfbereich und an den Grenzwegen. Viele Kulturpflanzen der Bauerngärten haben sich im Dickicht der Dorfstelle erhalten, Äpfel- und Pflaumenbäume zeigen hier und da eine ehemalige Obstwiese an. Pflanzen der Magerrasen haben sich auf den einst offenen Kolonnenwegen und Spurensicherungsstreifen angesiedelt, wie auch auf dem Hang am Westufer, einem Os aus der letzten Eiszeit.

Tierleben

Trotz der starken Belastung des Sees mit organischen Abwässern in den letzten 30 Jahren gibt es noch einen nennenswerten Bestand des Deutschen Edelkrebses. Er überstand die Krebspest und gilt heute als resistent. Der heimische Krebs steht unter Naturschutz, er darf nicht gefangen werden. Immer wieder gingen dem Fischer große Exemplare der Chinesischen Wollhandkrabbe in die Reusen. Sie ist von der Ostsee her über die Trave, die Wakenitz und den Ratzeburger See eingewandert.

Auf den sandigen Ginsterhängen des Lankower Wallrückens und den früheren Grenzanlagen haben Wildkaninchen ihre Baue. Sie haben

Wespenspinne

durch Krankheiten in ihrer Anzahl sehr abgenommen, erholen sich aber langsam wieder. Hier findet man im Frühjahr den Stierkäfer oder Dreigehörnten Mistkäfer, der „Kaninchenkötel“ in seine Brutröhren rollt.

Da es in den sandigen Hängen große Mengen von solitären Wildbienen gibt, ist auch der Ölkäfer oder Maiwurm nicht selten. Das träge blauschimmernde Weibchen legt mehrere tausend Eier in eine Grube nahe der Wildbienenhänge. Die aus den Eiern schlüpfenden Vorlarven versuchen an Gräsern und Kräutern hochzuklettern, um von einer Blüte aus anfliegende Blütenbesucher anzuspringen und sich mit forttragen zu lassen. Nur die Vorlarve, die eine Sandbiene erwischt hat, hat eine Chance, sich durch Eintrag in das Bienennest weiterzuentwickeln. Sie springt auf das Bienenei und läßt sich in der Erdröhre einschließen. Nach dem Verzehr des Eis häutet sie sich zu einer fleischigen Made, die auf den Honig- und Pollenvorräten schwimmen kann und nur noch von diesen Vorräten bis zur Verpuppung lebt. Nach einer Überwinterung als Puppe wandelt sie sich noch einmal zu einer Larve und wird nach weiterer Puppenruhe ein neuer dunkelblauglänzender flugunfähiger Ölkäfer. Bläulinge, Perlmutterfalter und Dukatenfalter beleben den Magerrasen, am Seeufer fliegt die Blaue Prachtlibelle. Zwischen den borstigen Grasbüscheln und in den Thymianrasen findet man die Gefleckte Heideschnecke.

Ein Reetdach wird neu eingedeckt

Tour 28
Von den Utechter Kerbtälern in den Seebruch

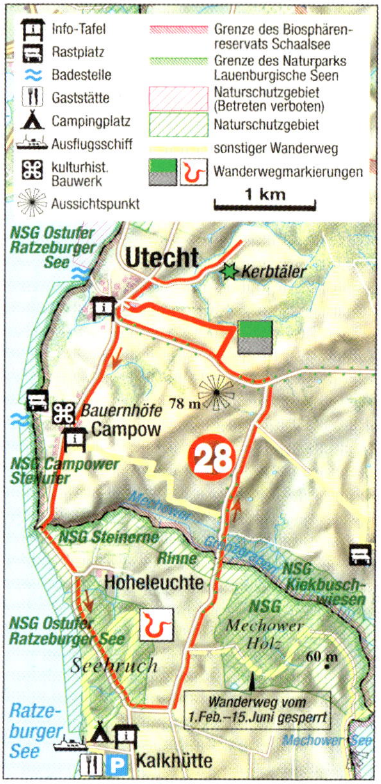

Anfahrt nach Utecht

Pkw B 207 von Lübeck oder Ratzeburg, über Rothenhusen am Nordufer des Ratzeburger Sees von Schönberg über Thandorf

Wanderstrecke und Profil Kerbtäler 3,5 km/ ca. 1 Std. nur zu Fuß möglich, Rundweg 10 km/ ca. 3 Std. auch gut mit dem Rad, Gangschaltung!

Orientierung Informationstafeln in Utecht und Campow

Rast Ruhebänke unterwegs
Einkehr: Imbiß in Campow, Gastronomie in Kalkhütte

Umgeben von Naturschutzgebieten liegen die beiden kleinen Dörfer Campow und Utecht am Ufer des Ratzeburger Sees. Lange Jahre war hier die Welt zu Ende, denn auch Bürger des eigenen Landes durften nur als nächste Verwandte mit Passierscheinen diese beiden Dörfer im Grenzgebiet betreten.

Start für die Wanderungen ist die Informationstafel in Utecht. Der grasbewachsene Weg in die Kerbtäler führt nach Osten vorbei an einem kleinen Teich. Rechts beginnt ein Heckenweg. Hinter der Eichengruppe erreicht man auf diesem Pfad den Hochwald. Unmittelbar bei einer Ruhebank beginnt das westlichste der Kerbtäler. Auf seinem Grund fließt der Bach, dem das Tal seine Entstehung verdankt (s. Erdgeschichte). Diesem Kerbtal folgt man und überquert es in seinem oberen Teil auf einem Steg, rechts geht der Weg weiter bis zu einem Heckenweg, der von der Landstraße Thandorf–Utecht kommt. Dort, wo sich die Hecke öffnet, hat man einen weiten Blick in das Land, bis zu den Türmen von Lübeck. Auf der Hauptstraße angekommen, sollte man für einen lohnenswerten Ausblick noch etwa 150 m Richtung Thandorf weitergehen. Hier gibt es auf der höchsten Erhebung in der Umgebung einen Aussichtspunkt (77,8 m). Bei guter Sicht blickt man weit nach Schleswig-Holstein hinein, unter sich den Rat-

Kerbtäler bei Utecht

zeburger See, östlich Thandorf mit den großen, alten Höfen. Der Weg nach Utecht führt über die Landstraße, wenn man es wegen des Verkehrs nicht vorzieht, wieder auf dem gleichen Weg zurückzugehen.

Die beiden anderen Kerbtäler sind noch tiefer und wildromantischer eingeschnitten, aber nur auf Pfadfinderart zu entdecken, weil wegelos. Am Ortsausgang von Utecht Richtung Schattin gleich hinter dem Werkstatthof geht rechts ein asphaltierter Weg ab. Im Buchenhochwald, den man nach etwa 300 m erreicht, liegen die Täler. Man kann an einigen Stellen den Waldmantel durchdringen. Eindrucksvoll ist diese Landschaft auch im Herbst mit buntgefärbtem Laub oder im Frühjahr, wenn ein Teppich von Anemonen den Waldboden und die Hänge der Schluchten bedeckt.

Mit dem Fahrrad oder auch für eine längere Fußwanderung geht es durch die Wiesenlandschaft von Utecht nach Campow. Ein Informationsschild in der Dorfmitte macht aufmerksam auf eine geologische Besonderheit, das Campower Steilufer mit zahlreichen Quellaustritten und kleinen Quellmooren, eine Formation, die sich auch auf schleswigholsteinischer Seite fortsetzt, diese Steilhänge und Uferbereiche sind unter Schutz gestellt. Der Sandweg hinter Campow läßt sich gut befahren, ein Redder begleitet den Radfahrer oder Wanderer. Hier sollte man auf die vielen verschiedenen Straucharten, besonders auch Wildrosen, achten. Am Waldrand blitzt der große See schon durch die Bäume. Mit fliegenden Haaren saust man bergab, um gleich darauf wieder kräftig in die Pedale treten zu müssen. Das ist die „Steinerne Rinne" – Grenzgebiet. Die wellig kuppige Grundmoränenlandschaft verlangt einem einige Kraftanstrengungen ab. Aber – Fahrräder kann man notfalls auch schieben! Schnell ist man in Hoheleuchte, es sind nur ein paar Häusern zur Linken. Im Seebruch erreicht man wieder eine Asphaltstraße, wegen der großen Höhenunterschiede allerdings nicht immer einfach zu fahren. Typischer Perlgrasbuchenwald wächst rechts und links vermischt mit Kiefern und Eichen. Einige Wildkirschen am Wegrand sind im Frühjahr mit vielen weißen Blüten übersät. Totholz, stehengebliebene, abgestorbene Bäume voller Spechtlöcher und Baumpilze weisen auf die „Nullnutzung" des Waldes hin. In einer abflußlosen Rinne hat sich links ein kleines Moor mit seltenen Pflanzen ausgebildet. Der Anstieg zum Waldrand ist steil und beschwerlich. Links sind Utecht und Thandorf ausgeschildert. Hier geht es weiter. (Wer nach dem mühevollen Anstieg aber erst mal einen Imbiß braucht, sollte ein Stück weiter rechts nach Kalkhütte fahren.) Der Waldrand mit einem Knick zur Feldseite begleitet einen bis zur nächsten Abbiegung nach links. Hier steht eine alte, mächtige Eiche. Die Redder rechts und links sind artenreich, Schlehenbüsche überwiegen auf der Höhe. Die großen Felder mit den guten Böden gehören zur Domäne Mechow. Rechts folgt nun das Mechower Holz mit einem Wanderweg zum gleichnamigen See. Dieser Weg ist vom 1. Februar bis 15. Juni gesperrt, um seltene Vögel nicht in der Brut zu stören. Nach einem Blick auf die Kirchtürme von Lübeck in der Ferne geht es wieder rasch bergab. Unten angekommen sollte man eine Pause einlegen und einen Moment schweigend innehalten. Links auf der Höhe lag bis 1977 das Dorf Neuhof mit mehr als 100 Einwohnern, leergesiedelt und ausradiert, keine Seltenheit im Grenzgebiet der ehemaligen DDR. Zur Straße Thandorf–Utecht geht es stramm bergauf. Da die Straße stark befahren ist, muß man vorsichtig sein, kann aber bis zum Ort ausrollen und all die Mühen des Anstiegs vergessen.

Fährt man mit dem Fahrrad, ist noch ein Abstecher nach Thandorf lohnenswert, das Dorf ist eine der Perlen im Biosphärenreservat Schaalsee. Viele schöne alte Höfe, liebevoll restauriert, säumen die Straße. In der Denkmalsanlage Uhlenhof, dem alten Schulzenhaus von 1793, gibt es neben einem Hofladen eine Ausstellung mit Kreuzstichkunstwerken und eine Hofgalerie – sehenswert! Vor dem großen Bauernhof zur Straße hin ist ein Jahresbaumgarten angelegt. Hier werden alle Bäume gepflanzt, die als „Baum des Jahres" ausgesucht wurden. Nach der langen Besichtigung schmecken Kaffee oder eine der vielen Teesorten mit hausgemachtem Kuchen oder Torte im Café Kreuzstich nebenan: „Der ganze künstliche Kram kommt uns nicht ins Café", ist das Motto für die selbstgemachten Leckereien.

Kulturgeschichte

Utecht wurde im 13. Jh. Besitz des Johannisklosters zu Lübeck. Bis 1937 blieb es eine Enklave. Dann wurde Utecht in den Kreis Schönberg nach Mecklenburg eingemeindet. Reste einer Wassermühle, die für ihren Antrieb Wasser aus den Bächen der Kerbtäler bekam, kann man noch an der Badestelle am Ratzeburger See finden. In der Zeit der innerdeutschen Grenze war Utecht mit den üblichen Sperranlagen vom See getrennt, es lag wie Campow und Neuhof im 5-km-Streifen.

Vom „geschleiften" Dorf Neuhof an der „Steinernen Rinne" sind noch einige Obstbäume erhalten geblieben, die Natur hat sich diesen verschwiegenen Platz schon lange wieder zurückerobert. Neuhof war ein sehr altes Dorf, eine deutsche Gründung des Mittelalters, schon 1336 als Nigehof im Besitz des Ratzeburger Domkapitels beschrieben. Ende des 16. Jh. erfolgte mit dem Neubau eine Säkularisierung, und das Dorf ging in den Besitz des Ratzeburger Herzogs als Domanialhof über. Nach der Zerstörung durch schwedische Truppen (1644) wurde das Dorf wieder aufgebaut, 1840 wurde das Herrenhaus errichtet, das bis in die Gegenwart das Dorfbild bestimmte. Durch den Flüchtlingsstrom nach dem 2. Weltkrieg und die Bodenreform mit der Aufteilung von Grund und Boden hatte Neuhof 1958 etwa 140 Einwohner. 1972 versuchten Funktionäre, die Bevölkerung zu überzeugen, daß das Dorf „zur Sicherung unserer Staatsgrenze, der Grenze zwischen Krieg und Frieden" verschwinden müsse. 1977 wurde das letzte Haus abgerissen. Durch den Gebietstausch nach dem 2. Weltkrieg (s. auch Tour 24) kam das Gebiet von Ziethen, Bäk bis Hoheleuchte zu Schleswig-Holstein, Grenze wurde die Steinerne Rinne, eine Geländeformation zwischen Ratzeburger See und Mechower See. Auch der Schilfgürtel am Ostufer des Sees gehört zu Schleswig-Holstein.

Erdgeschichte

Im Laufe der Jahrtausende haben die Bäche, die im Braken oberhalb Utechts entspringen, tiefe Rinnen mit Prall- und Gleithängen aus dem Geschiebelehm gewaschen und damit die einzigartigen Kerbtäler geschaffen. Etwas weiter nördlich im Braken (Dorfstraße Richtung Schattin rechts abbiegen) findet man weitere Kerbtäler.

Der Ratzeburger See, eine bereits im Tertiär vorhandene Hohlform, wurde durch eine Gletscherzunge überformt. Die steilen Uferhänge und Abrasionsterrassen setzen sich auch unter der Wasseroberfläche fort, genauso wie die Oser, die unter dem Eis entstanden waren. Sandige Aufschüttungsterrassen entstanden bei Hoheleuchte. Nach dem Tauen der Gletscher und der Ausbildung der Ostsee kehrte sich die Fließrichtung des Wassers von Süd nach Nord um, der Spiegel des Ratzeburger Sees sank um etwa 20 m, und

Landschaft südlich von Utecht

kalkhaltige Steilhänge wurden frei. Das von diesen Hängen in den See abfließende Wasser bildete stark eingetiefte Bachschluchten, die Kerbtäler, die typisch für dieses Gebiet sind. Die längste dieser Rinnen, die „Steinerne Rinne“ der Harmsbek, ist Grenze zwischen Mecklenburg-Vorpommern und Schleswig-Holstein. Die in der steilen Talschlucht mäandrierende Harmsbek hat im Laufe der Jahrhunderte das feinkörnige Moränenmaterial weggeschwemmt. Große Findlinge blieben auf dem Schluchtgrund liegen und gaben dem schmalen Tal seinen Namen.

Die Böden der randlichen Hochflächen haben als Geschiebelehme der Grundmoräne einen hohen Kalkgehalt, der aufgrund des geringen Alters noch nicht ausgewaschen wurde. Die aus den Hängen austretenden Quellen führen diesen Kalk mit sich. Beim Ausfällen entstehen Quellkalke, die früher abgebaut wurden (Kalkhütte).

Pflanzenwelt

Im Frühjahr blühen unter den Rotbuchen in den Kerbtälern viele Frühblüher. Neben den Anemonen kann man Lerchensporn und stellenweise auch das Leberblümchen finden. Die rötliche Schuppenwurz wächst als blattgrünlose Schmarotzerpflanze aus dem vorjährigen Laub heraus. Am Weg in der Hecke und an einigen lichteren Stellen kann man in dieser Zeit auch die Kesselfallen des Aronstabs finden.

Die steilen kalkhaltigen Hänge zum Ratzeburger See ließen kaum eine Nutzung zu, so daß durchgängig sehr alte Waldstandorte mit seltenen Waldlebensgemeinschaften erhalten geblieben sind. Einige wenige Waldbereiche sind Mischwald, der Hauptteil aber Buchenwaldformationen mit Hallenwaldcharakter. Wo keine Versauerung eingetreten ist, findet man Mergel-Hangbuchenwälder mit Waldgerste, Leberblümchen, Fingersegge und Christophskraut. An den Waldrändern wachsen auch Arten der wärmeliebenden Säume wie Nickendes Leimkraut und Bärenschote. Auf den Quellterrassen und den vorgelagerten von Wasseradern durchzogenen Bachmündungsgebieten dominieren Erlen-Eschen-Gesellschaften mit Bitterem Schaumkraut und Riesenschachtelhalm, im Frühjahr blühen hier Milzkraut und Schlüsselblume. Im relativ schmalen Schilfgürtel wachsen kleinflächig Rohrglanzgras und Seggen. Nur im Bereich zwischen Campow und Utecht ist der flachere Uferbereich durch aufgelassene Grünlandflächen mit Weidengebüschen reicher strukturiert. Hochstaudenfluren finden sich daher eher auf mecklenburgischer Uferseite.

Im Seebruch hat sich ein kleines Moor gebildet mit verschiedenen Torfmoosen, Sumpfcalla, Sumpffarn und Moorbirken. Auf den offenen Wasserflächen treiben Teppiche von Wasserlinsen. Um diese seltenen Lebensräume zu erhalten, wurde das Seeufer mit den angrenzenden Wäldern unter Schutz gestellt. Ein weitgehender Nutzungsverzicht auf den Waldflächen soll zur Entwicklung eines Naturwaldes beitragen, lediglich standortfremde Gehölze werden entfernt. Um eine Naturverjüngung der Waldgesellschaften sicherzustellen, muß die Jagd intensiviert werden, die Bäume sollen unbeeinflußt wachsen und vergehen.

Die großen Felder sind von einem artenreichen Knicknetz, an den Wegen als Redder (Doppelknicks), umgeben. Im Gebiet des „geschleiften" Dorfes Neuhof findet man Schlehen- und Weißdorngebüsche mit Haselbüschen und vielen Wildrosen. Holunder hat sich in den ehemaligen Hausgärten breitgemacht, man findet noch alte Apfel- und Pflaumenbäume zwischen neu aufkommenden Eschen. In den breiten Staudensäumen wächst hier die seltene Behaarte Karde. Die Kopfhainbuchen auf der mecklenburgischen Seite sind eine kulturhistorische Besonderheit, die leider durch die Aufgabe der Nutzung überaltert sind und in sich zusammenbrechen.

Tierleben

In den kleinen Kolken der Bäche wimmelt es von Bachflohkrebsen. Im Bereich des Zusammenflusses aller Kerbtäler findet man kleine Schwärme des Neunstachligen Stichlings. In die Talhänge haben Fuchs und Dachs ihre Baue gegraben. Trotz der schmalen Röhrichtzonen am Ratzeburger See ist der Brutvogelbestand gut. Viele Arten der Roten Liste, wie Rohrdommel, Schellente oder Gänsesäger, kommen hier vor. Drosselrohrsänger und Beutelmeise bauen ihre Nester im Schilf oder im Gebüsch, Rohrammer, Sumpf- und Teichrohrsänger leben in den schmalen Schilfgürteln. Im Hangwald brütet nicht nur der Schwarzspecht, der seine Bruthöhle in Buchenaltholz zimmert, sondern auch zwei bis drei Paare des seltenen Kleinspechts.

Am Ostufer des Sees im mecklenburgischen Teil kam der Fischotter vor, aktuelle Nachweise fehlen allerdings. In den strukturreichen Gebüschen und Hochstaudensäumen, besonders um den ehemaligen Ort Neuhof, brüten Neuntöter und Braunkehlchen. Das Gebiet ist außerdem Brut- oder Nahrungsplatz für Kranich, Weißstorch und Kolkrabe. Seeadler, Baumfalke und Rotmilan brüten im nahen Mechower Holz, das darum im Sommer auch auf den Wegen nicht betreten werden darf. Eine Umleitung ist ausgewiesen.

Tour 29
Ornithologische Beobachtungen am Röggeliner See

(ein Fernglas wird empfohlen)

Anfahrt nach Klocksdorf
Pkw B 208 von Ratzeburg nach Gadebusch, links Richtung Dechow, Klocksdorf abbiegen
P Dorfanger
Wanderstrecke und Profil
Klocksdorf – Dechow 4 km und zurück
a) Rundtour von Klocksdorf über Stove und Carlow ca. 9 km
b) Rundtour von Klocksdorf über Carlow, Demern, Breesen ca. 19 km
ebene Landschaft
Informationstafeln in Klocksdorf und Dechow
Rast Bänke an den Badestellen
Einkehr: Carlow: Gaststätte, Klocksdorf: Imbiß und Fischerei Demern, Breesen: Gaststätten

Das Naturschutzgebiet Röggeliner See ist von einzigartigem Reiz für Naturfreunde. Besonders Ornithologen finden hier reichhaltige Beobachtungsmöglichkeiten, wenn im Herbst die Graugänse auf dem See und den umliegenden Wiesen und Feldern rasten. Schon von ferne kann man ihre Rufe vernehmen. (Ein starkes Fernglas sollte darum auf diese Wanderung mitgenommen werden.)

In Klocksdorf führt der Weg zwischen zwei gepflegten Bauernhäusern zur Badestelle. Hier wurde eine Beobachtungskanzel aufgebaut, da kein ufernaher Wanderweg vorhanden ist. Verschiedene Standorte am Ufer lassen aber die Beobachtung von Wasservögeln zu. Der Weg zu diesem Hochstand geht über die Liegewiese zwischen Seeufer und Weidezaun. Für einen längeren Ansitz leistet ein Kissen gute Dienste. Mit etwas Zeit und Geduld kann man hier die Vögel der Schilfzonen und Gewässer sehen oder hören.

Wandert man von der Badestelle nach rechts, gelangt man auf einen verwilderten Pfad durch Hochstaudenfluren mit Weidenröschen und Disteln nur wenige Meter vom Ufer entfernt. Vorbei an artenreichen Ufer- und Röhrichtgesellschaften kommt man zum Aalfang, einer fischereilichen Einrichtung am Abfluß des Sees. Hier herrscht reiches Vogelleben mit vielen seltenen Arten. Mitten im See liegt eine kleine Insel mit einer Kormorankolonie. Im Windschatten rasten Scharen von Enten und Gänsen auf dem Wasser.

Von Klocksdorf geht es auf der wenig befahrenen Straße Richtung Dechow. Kurz hinter der Abfahrt nach Demern und Woitendorf an der alten Badestelle ist das Ufer wieder nahe, und man kann auf die Wasserfläche hinausblicken. Auch ein Stückchen weiter vor einem einzelnen Haus entdeckt man die Vogelscharen, wenn man unter den Weidenbäumen mit den herabhängenden Zweigen hindurchsieht. Vorbei an ausgedehnten Wiesen und Feldern erreicht man die kleine Ortschaft Röggelin. Auf der Landzunge liegt der gleichnamige Burghügel, auch als „Burg Ohlhoff“ bekannt,

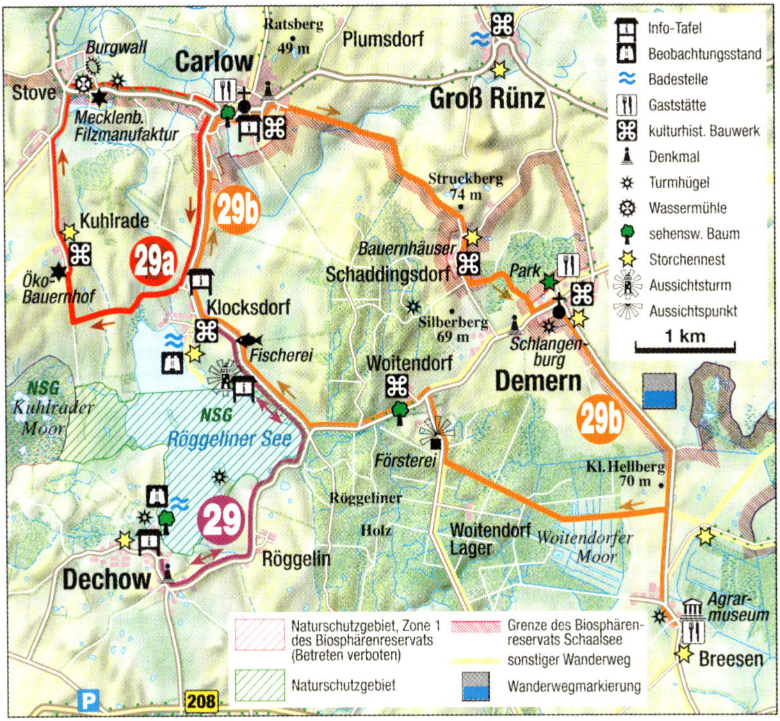

auf einem Pfad entlang dem Zaun kann man ihn erreichen.

Der nächste Ort ist Dechow, hier biegt man rechts in den Ort ab und gelangt an einem A-Mast mit einem Storchennest vorbei zum Spritzenhaus. Hier kann man an das Seeufer herantreten. In der Dechower Bucht sind Enten, Graugänse und Kormorane zu beobachten. Ein Grasweg führt zur Badestelle. Vom Ufer aus erkennt man gegenüber das Dörfchen Röggelin und auf einer Halbinsel eine mit Gesträuch überwachsene Erhebung – die Burg. Am Ende dieser Halbinsel stehen einige abgestorbene Weiden. Hier hat oft der Seeadler seinen Ansitz, und er ist gut zu beobachten. Am Westufer gibt es keinen Weg um den See, man muß auf der Straße zurückwandern.

Kulturgeschichte

Auf der Burg „Ohlhoff" in Röggelin saß bis in das 15. Jh. hinein das Geschlecht der Karlows, sie galten als Raubritter. Sie hatten auch Burgen in Klocksdorf und Carlow. Das Besondere der Anlage in Klocksdorf war eine auf Pfählen im Wasser stehende Flucht- oder Schlafburg, eine sog. „Kemlade". Heimatforscher fanden sie da, wo heute der Bootsanleger des Angelvereins liegt. Die Zerstö-

rung der Burg und Kemlade durch Lübecker Truppen muß so schnell erfolgt sein, daß die Karlows nicht allen Hausrat bergen konnten. Er sank aus dem abbrennenden Holzbau auf den Seegrund, wo er 1959 beim Tauchen gefunden wurde. Heute befindet sich der größte Teil der Funde im Landesmuseum. Klocksdorf ist ein Angerdorf, das aus einem Rundling hervorgegangen ist. Gepflegte Bauernhäuser stehen besonders im Südteil. Wie viele andere Dörfer in der Umgebung wurde Klocksdorf 1230 im Ratzeburger Zehntregister erstmalig erwähnt.

Erdgeschichte

Der Röggeliner See ist wesentlich flacher als die Seen der Kette vom Ratzeburger See zum Schaalsee. Dem entspricht auch die Umgebung mit ihren sanften Grundmoränenkuppen.

Das sich westlich anschließende Kuhlrader Moor ist ein verlandeter See, der durch einen Geschiebelehmrücken vom Röggeliner See getrennt ist. Es ist ein ausgetorftes Flachmoor, das sich zu einem Waldmoor mit Teichflächen entwikkelt. Das Moor wurde schon 1957 unter Schutz gestellt. Da es keine Wege in diesem Naturschutzgebiet gibt, ist es nicht zu betreten!

Pflanzenwelt

Von besonderem Wert sind am Röggeliner See die Röhrichtgesellschaften. Wasserschwertlilie, Doldige Schwanenblume, Igelkolben, Breit- und Schmalblättriger Rohrkolben und Sumpfbinse kommen hier vor. Letzte Reste einer sehr üppigen Schwimmblattzone sind noch vorhanden. Allerdings ist die Weiße Seerose bis auf wenige Exemplare im Aalfangbereich infolge der Verschlechterung der Wasserqualität verschwunden.

Derzeit beginnt sich das Wasser des Sees zu regenerieren. Auf den teilweise überschwemmten Uferwiesen blüht die Sumpfdotterblume, am Röhrichtsaum kommt der Zungenhahnenfuß vor. An einer vegetationsfreien Uferstelle westlich der Bungalowsiedlung von Klocksdorf wächst der Wiesenalant.

Tierleben

Viele Kleinvogelarten gibt es im Schilfgürtel und in den Weidengebüschen. Teichrohrsänger und Drosselrohrsänger kann man eher hören als sehen. Wie das Schnarren einer Heuschrecke klingt der Gesang des Rohrschwirls am Ufer. Im Herbst und Winter sind Bartmeisen im Schilf. Auch den Ruf der Großen Rohrdommel wird man aus der Bucht am Aalfang hören – besonders im Frühjahr. Ihr Ruf klingt wie das Brüllen eines Ochsen, darum wird sie im Volksmund auch „Moorochs“ genannt. Die Rohrweihe brütet im Schilf, ihre Balzflüge im April und Mai sind beeindruckend.

Der Herbst, milde Winter und das zeitige Frühjahr bieten die Möglichkeit, viele Durchzügler und Wintergäste zu beobachten. Das geht besonders gut am Beobachtungsstand in Klocksdorf und an der Badestelle in Dechow. Pfeif-, Spieß- und Löffelenten, Gänse- und Zwergsäger, Bleß- und Saatgänse, Sing- und Zwergschwäne gehören dazu. Doch auch seltene Vögel, die sich hierher verflogen haben, wie Schneegans, Kanadagans, Nonnengans, wurden schon gesichtet. Vom großen Nahrungsangebot profitiert der Seeadler. Nicht nur das heimische Paar, sondern auch Jungadler, die umherstreifen, stellen sich ein. Nach Neuschneefällen kann man am Seeufer vielleicht die Spur des Fischotters entdecken. Dieser heimliche Wassermarder kommt im Schaalseegebiet vor. Ihn selbst wird man nur mit sehr viel Glück nach geduldigem Ansitz zu Gesicht bekommen.

Tour 29 a
Radrundfahrt: Klocksdorf, Kuhlrade, Stove und Carlow

Start für diese Rundfahrt durch typisch mecklenburgische Landschaft ist Klocksdorf. Gleich am nördlichen Ortsende biegt man links nach Kuhlrade ab. Heckenwege begleiten den Radler, zum Röggeliner See hin zieht sich ein Feuchtgebiet. Ein Stichweg führt zum Kuhlrader Moor. Das Moor darf nicht betreten werden, da es Kernzone (Schutzzone 1) des Biosphärenreservats ist. Nicht nur eine der größten Brutpopulationen der Graugans in den neuen Bundesländern findet man hier, auch Kranich, Fischotter und Rohrdommel profitieren von der Abgeschiedenheit eines solchen Schutzgebiets.

Naturschutz

Die Bauernhäuser im Rundlingsdorf Kuhlrade sind vielfach restauriert worden. Eine Pflasterstraße führt weiter nach Stove. Rechts liegt hinter Viehkoppeln eine Schilffläche, die Reetwisch (Reetwiese). Buchenhochwald und Erlenbruch liegen gleich daneben, ein passender Brut- und Jungenaufzuchtplatz für den Kranich. Auch Greifvögel wie der Rote Milan sind im Wald zu Hause.

In Stove lohnt ein Abstecher zur Wollmanufaktur von Katharina Bollow. An der Hauptstraße fällt der Mühlenteich auf. Die Mühle an dieser Stelle hat Vorgänger, die bis in das Jahr 1230 zurückzuverfolgen sind. Ein Stückchen altes Kopfsteinpflaster mit einer Apfelallee führt von Stove nach Carlow. Zwei große Sölle liegen rechts und links der Straße, der „Schwarze See" im Norden, der „Wiensee" im Süden. Die Sage von der versunkenen Kirche im Schwarzen See wird durch einen Burghügel am Westufer genährt, der von Weidengestrüpp verdeckt ist. Carlow ist eines der ältesten Dörfer der Gegend und wurde schon 1158 als zum Bistum Ratzeburg gehörend genannt. Es war zu dieser Zeit im Besitz des Geschlechts der Karlows.

Die Kirche wurde etwa 1260 errichtet, der Feldsteinchor stammt noch aus dieser Zeit. Die beiden ältesten Häuser liegen neben dem Feuerwehrgebäude an der Maurine und in der Nähe der Kirche. Beeindruckend ist eine schön gewachsene Eiche am Kriegerdenkmal von 1870/71. Weite Wiesen und Felder säumen den Weg nach Klocksdorf zurück. Dieser Weg ist nur etwa 9 km lang.

Tour 29 b
Radrundtour von Klocksdorf über Carlow, Demern, Breesen

Auf dieser Radrundtour haben Sie die Möglichkeit, ein Torfmoor und die Reste seiner einmaligen Pflanzen- und Tierwelt zu besuchen.

Von Klocksdorf geht es auf bekannter Straße nach Carlow. Im Ort folgt man der Ausschilderung Richtung Rhena, um kurz vor den letzten Häusern rechts in den Feldweg nach Schaddingsdorf abzubiegen. Er ist am Anfang etwas zerfahren, wird aber besser. Nach etwa 500 m überquert man einen Graben, der schon in Carlow ein Flüßchen geworden ist, die Maurine. Vom 74 m hohen Struckberg unmittelbar vor Schaddingsdorf sieht man die fernen Türme Lübecks. Dieses kleine Dorf mit seinen liebevoll restaurierten Häusern ist ein Straßendorf, umgeben von Gärten und Obstwiesen. Hinter dem letzten Haus links abbiegend, gelangt man so nach Demern.

Vom ehemaligen Gutshaus sind noch die Reste eines Parks erhalten geblieben, hier gibt es heute eine Gaststätte. In der Dorfmitte liegt die alte Kirche. Der älteste Teil ist der Chor aus dem 13. Jh., das Schiff und der hölzerne Turm stammen aus dem 15. Jh. Am Pfeiler der Nordwand befindet sich außen ein Halseisen. Zu Kirchenstrafen Verurteilte wurden hier angeschlossen. Dem Weg folgend biegt man rechts nach

Kirche von Demern

Breesen ab. Die Gaststätte in diesem Ort ist als Bauernmuseum gestaltet. Man kann hier gut eine Pause einlegen.

Etwa 1,5 km vor dem Ort Breesen hinter dem Kleinen Hellberg (69,8 m) biegt man rechts in das Woitendorfer Moor ab. Torfmoos überzieht die Ränder der alten Torfstiche, gefolgt von Wollgras. Auf den erhalten gebliebenen Torfwällen zwischen den Wasserlöchern wachsen Rausche-, Heidel- und Preiselbeere. Seltener sind Glockeheide und Sonnentau. Als Rarität kommt hier der Sumpfporst vor. Sein Duft macht den besonderen Geruch des Hochmoores aus. Sumpfporstkraut wurde früher als Schutz vor Motten in die Kleiderschränke gehängt, es ist auch ein gutes Mittel gegen Mücken. An warmen Tagen kann man die Kreuzotter auf den Torfhaufen beim Sonnen entdecken. Darum: Vorsicht beim Beerenpflücken! Nach der Fahrt durch den Wald erreicht man die Straße bei Woitendorf und biegt rechts ab. Am Waldrand liegt das Forsthaus, mit dem Geweih eines mächtigen Rothirsches am Giebel. Nach kaum einem weiteren Kilometer geht es links weiter direkt auf den Röggeliner See zu. Rechts geht es nach Klocksdorf zurück.

Fremdenverkehrs-Informationen

Herzogtum Lauenburg
Marketing & Service GmbH
Junkernstr. 7, 23903 Ratzeburg
Tel.: 04541/802110
Fax: 04541/802112
www.hlms.de
Info@hlms.de

Interessengemeinschaft Tourismus
Am Markt 10, 23909 Ratzeburg
Tel.: 04541/2006
Fax: 04541/84553
(für allgemeine Informationen)

Ratzeburg Information
Schlosswiese 7, 23909 Ratzeburg
Tel.: 04541/858565
Fax: 04541/5327
www.Ratzeburg.de
Info@Ratzeburg.de

Kurverwaltung Mölln
Kurzentrum, 23879 Mölln
Tel.: 04542/7090/7099
Fax: 04542/88656
www.moelln.de
Moelln-Info@mkd.de

Touristeninformation Geesthacht
Krügersches Haus
Bergedorfer Str. 28
21505 Geesthacht
Tel.: 04152/836258
Fax: 04152/78967
www.Geesthacht.de
Gisela.Pfaff@Geesthacht.de

DeOpenDoor
Veranstaltungs- und Gästeservice
Lauenburg
Elbstr. 91, 21481 Lauenburg
Tel.: 04153/520267
Fax: 04153/320268
www.Lauenburg-Tourismus.de
deopendoor@t-online.de

Großschutzgebiets-verwaltungen

Naturpark Lauenburgische Seen
23909 Farchau
Tel.: 04541/861517
Fax: 04541/861521
www.Kreisforst.de
Kreisforstbetrieb@t-online.de

Amt für das Biosphärenreservat Schaalsee
Pahlhuus, Wittenburger Chaussee 13
19246 Zarrentin
Tel.: 038851/3020
Fax: 038851/30220
www.Schaalsee.de
info.br@Schaalsee.de

Förderverein Biosphäre Schaalsee e. V.
Pahlhuus, Wittenburger Chaussee 13
19246 Zarrentin
Tel.: 038851/30231
Fax: 038851/30232
www.foerderverein-biosphaere-schaalsee.de
kontakt@foerderverein-biosphaere-schaalsee.de

Die Kartengestaltung und Finanzierung dieser Auflage erfolgte mit Unterstützung des Kreises Herzogtum Lauenburg als Träger des Naturparks Lauenburgische Seen.

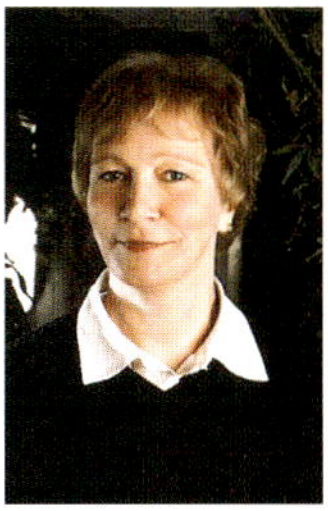

Barbara Denker, geb. 1948, studierte Biologie (Schwerpunkt Botanik), arbeitete als Lehrerin und ist an der Veröffentlichung mehrerer Bücher beteiligt. Sie macht naturkundliche Führungen und ist in unterschiedlichen Gremien von Land und Kreis tätig.
1991 erhielt sie den Umweltpreis der Stiftung Herzogtum Lauenburg, 2001 die Verdienstmedaille des Verdienstordens der Bundesrepublik Deutschland. Sie ist verheiratet und hat zwei Kinder.

Bildautorenliste:
Archiv AfBRS (120) · Archiv Kreis Herzogtum Lauenburg (8, 28, 35, 41, 101, 102) · Archiv Stadt Mölln (14, 58, 75, 82, 155) · Barbara und Klaus Denker (Rückseite, 1, 6, 11, 17, 23, 27 beide, 30, 33, 37, 46, 49, 50, 52, 56, 59, 62/63, 64, 70, 71, 73, 80, 88, 89, 97, 98, 106, 108, 109, 112, 114, 124, 134, 142, 154) Helmut Druffel (20, 78) · Werner Hinzmann (2/3, 14, 67, 68, 92, 94, 103, 141, 159) · Heidrun Kögler (119, 127, 148) · Karl Heinz Molkenthin (62, 131, 135, 143, 152, 156, 157) · Elsbeth Moser (122) Thomas Neumann (Titel, 21, 24, 57, 128, 136) · Erhard Schade (31, 138, 145)

Kartenillustrationen: Studio für Landkartentechnik, Norderstedt
Lithographie: Reproanstalt Neumünster
Gestaltung: Carsten Best, Hamburg
Gesamtherstellung: Christians Druckerei und Verlag, Hamburg
Printed in Germany
ISBN 3-7672-1420-2